いっしょにコリアン

다함께 코리안
(タハムケ　コリアン)

基礎編

文珍瑛・郭珍京　著

白帝社

… 本テキストの音声について …

■ 『いっしょにコリアン』の音声ファイル（MP3）を無料でダウンロードすることができます。
「白帝社」で検索、または下記サイトにアクセスしてください。
http://www.hakuteisha.co.jp/news/n27980.html

■ 本文中の 🔽 マークの箇所が音声ファイル（MP3）提供箇所です。PCやスマートフォン（別途解凍アプリが必要）などにダウンロードしてご利用ください。
　＊デジタルオーディオプレーヤーやスマートフォンに転送して聞く場合は、各製品の取り扱い説明書やヘルプ機能によってください。
　＊各機器と再生ソフトに関する技術的なご質問は、各メーカーにお願いいたします。
　＊本テキストと音声は著作権法で保護されています。

まえがき

　日本と韓国は、長い間交流をしてきた歴史を持っています。最近はインターネットの発達により、これまで経験したことのない速さでさまざまな形の交流が行われています。その影響を受け、お互いの文化をより深く理解したいというニーズが両国間でさらに高まっています。このような状況を踏まえ、本書は日本で韓国語を学ぶ入門レベルの学習者を対象に作りました。

　本書は、1部「文字と発音編」と2部「文法編」で構成されています。

　1部の「文字と発音編」では、文字と基本的な発音を覚えます。発音のルールが苦手な学習者がいるという現状を踏まえて、1部で基本的な発音のルールを学んだ後、文字にある程度慣れてきた2部で少しずつ覚えることで、学習初期の発音のルールを覚える負担を減らすように配慮しました。

　2部の「文法編」は単語、文法、「会話」、「들어 봅시다!（聞いてみましょう！）」、「말해 봅시다!（話してみましょう！）」の順で構成されています。

　各課の単語は、ハングル能力検定試験の5級、4級に提出される基本単語が提示されています。まず、必要な単語を導入し、文法の説明や練習で繰り返し使うことで、単語の定着を図ります。

　「会話」は当該課の単語や文法で学んだことを自然な形で会話に提示し、話す力を身につけることを目指しました。

　「들어 봅시다!（聞いてみましょう！）」と、「말해 봅시다!（話してみましょう！）」は文法を確認し、応用するためのページです。

　楽しく韓国語を勉強し、これからの日本と韓国の交流に本書が役に立てることを期待します。

2018年11月
著者一同

目次

1部 文字と発音編 ……… 9

勉強を始める前に ……… 10
第1課　基本母音字 ……… 12
第2課　基本子音字 ……… 14
第3課　合成子音字ー濃音 ……… 16
第4課　合成母音字 ……… 18
第5課　パッチム（終声子音） ……… 20
第6課　日本語のハングル表記 ……… 22
第7課　基本的な発音のルール ……… 24

2部 文法編 ……… 27

第1課　대학생입니다. ……… 28
第2課　전공이 뭐예요? ……… 34
第3課　누나가 있어요? ……… 36
第4課　주말에 무엇을 합니까? ……… 46
第5課　이 치마는 얼마입니까? ……… 52
第6課　몇 시부터 몇 시까지 아르바이트를 합니까? ……… 58
第7課　어머니께서 한국에 가십니다. ……… 64

第8課	졸업하면 뭐하고 싶습니까?	72
第9課	가끔 중국 음식을 만들어요.	78
第10課	한국에 돌아가야 해요.	84
第11課	감기에 걸려서 병원에 갔어요.	90
第12課	학교 정문 앞에서 만날까요?	96
第13課	생각보다 안 매워요.	102
第14課	컴퓨터를 쓸 수 있어요.	108
第15課	주말에 바빠요?	114
第16課	배달이 빨라서 편리해요.	120
第17課	한국의 가을 하늘은 어때요?	126
第18課	좋아하는 작가는 누구예요?	132
第19課	좋은 추억을 잘 기억하겠습니다.	138

付録 ………………………………………………………… 145

不規則表 ……………………………………………………… 146

発音のルール ………………………………………………… 147

会話翻訳 ……………………………………………………… 148

練習・「聞いてみましょう！」の解答 …………………… 150

単語リスト …………………………………………………… 156

　　　　韓→日　156　　　日→韓　162

本書の構成

課	基本語彙	学習事項	その他
		2部 文法編	
1	職業	Ⅰ. 助詞 는/은 (〜は) Ⅱ. -입니다 (〜です) Ⅲ. -입니까? (〜ですか)	激音化
2	専攻	Ⅰ. 助詞 가/이 (〜が)、의 (〜の) Ⅱ. -예요/이에요 (〜です) 　 -예요?/이에요? (〜ですか) Ⅲ. -가/이 아니에요 (〜ではありません) 　 -가/이 아니에요? (〜ではありませんか)	濃音化
3	家族	Ⅰ. 助詞 하고〈와/과〉(〜と)、도 (〜も) Ⅱ. -가/이 있어요/있어요? 　 (〜があります〈います〉・ 　 〜がありますか〈いますか〉) Ⅲ. -가/이 없어요/없어요? 　 (〜がありません〈いません〉・ 　 〜がありませんか〈いませんか〉)	
4	動詞・形容詞Ⅰ	Ⅰ. 助詞 에 (〜に)、에서 (〜で)、 　　　　를/을 (〜を) Ⅱ. -ㅂ니다/습니다 (〜です、〜ます) Ⅲ. -ㅂ니까?/습니까? (〜ですか、〜ますか)	疑問詞
5	ショッピング	Ⅰ. 漢数字 Ⅱ. a. 안 -ㅂ니다/습니다 　 b. -지 않습니다 　　 (〜ません、〜くありません)	ㄴ添加
6	文房具 時間を表す単語Ⅰ	Ⅰ. 助詞 부터 (〜から)、까지 (〜まで) Ⅱ. 固有数字 Ⅲ. -(으)러 (〜しに)	指示詞
7	時間を表す単語Ⅱ	Ⅰ. 助詞 께서 (〜が〈尊敬形〉)、 　　　　(으)로 (〜へ、〜で) Ⅱ. -(으)시다 　 (お〜になる、〜なさる、〜でいらっしゃる) Ⅲ. -(이)라고 하다 (〜と申す、という)	助詞のまとめ 体
8	学校	Ⅰ. -(으)면 (〜ば、〜たら、〜と) 　 〈-(으)면 되다〉 　 (〜すればいい、〜ければいい) Ⅱ. -고 싶다 (〜したい) 　 〈-고 싶어하다〉(〜したがる) Ⅲ. -(으)ㅂ시다 (〜しましょう)	口蓋音化

9	動詞・形容詞Ⅱ	Ⅰ．（語幹末にパッチムあり）-아/어요 　　（〜です、〜ます） Ⅱ．a. 못 ＋ 動詞 　　b. -지 못하다（〜することができない） Ⅲ．-(으)세요〈-(으)십시오〉 　　（〜してください）	果物
10	動詞Ⅲ	Ⅰ．（語幹末にパッチムなし）-아/어요 　　（〜です、〜ます） Ⅱ．-아/어야 하다(되다)（〜しなければならない） Ⅲ．-(으)ㄹ 거예요（〜するつもりです、〜するでしょう、〜いでしょう）	
11	医療にかかわる単語	Ⅰ．-았/었다（〜した、〜かった） Ⅱ．-고（〜して、〜くて、〜するし、だし） Ⅲ．-아/어서（〜して、〜ので、〜だから） 　　〈-(이)라서〉（〜なので）	
12	位置にかかわる単語	Ⅰ．-(으)니까（〜から、〜ので） Ⅱ．-(으)ㄹ까요?（〜ましょうか、〜でしょうか） Ⅲ．-아/어 보다（〜てみる）	流音化
13	形容詞Ⅲとメニュー	Ⅰ．-겠다（意向、推測） Ⅱ．ㅂ不規則 Ⅲ．-아/어도（〜しても、〜くても）	程度を表す副詞
14	動詞・形容詞Ⅳ	Ⅰ．-(으)ㄹ 수 있다 / 없다（〜することができる/できない） Ⅱ．-기 전에（〜する前に） Ⅲ．ㄷ不規則	頻度を表す副詞
15	場所	Ⅰ．으不規則 Ⅱ．-아/어도 되다 　　（〜してもいい、〜くてもいい） Ⅲ．-지 마세요（〜しないでください）	
16	交通	Ⅰ．-고 있다（〜している） Ⅱ．르不規則 Ⅲ．-지만（〜けど、〜が）	接続詞
17	季節と自然	Ⅰ．ㅎ不規則 Ⅱ．-기 때문에（〜から） Ⅲ．-지요?〈-죠?〉（〜ですよね、〜ますよね）	色
18	趣味	Ⅰ．動詞の現在連体形 Ⅱ．形容詞の現在連体形 Ⅲ．-(으)ㄹ게요（〜しますよ、〜しますからね）	
19	動詞・形容詞Ⅴ	Ⅰ．-네요（〜ですね、〜ますね） Ⅱ．動詞の過去連体形 Ⅲ．-ㄴ/은 후（＝動詞の過去連体形＋후）（〜した後、してから）	

1部　文字と発音編

勉強を始める前に

Ⅰ. 言語の名称

「안녕하세요」、「감사합니다」など主に朝鮮半島で使われている言語の名称は、朝鮮語、韓国語、ハングル語（ハングルは文字の名称ですので、この表現は正確ではありません）、コリア語（日本）など様々です。しかし、名称が異なっても、1933年に発表された正書法『朝鮮語綴字法統一案』に基づいた同じ言語です。

「한글」は、韓国語（朝鮮語）を表記するための文字の名称で、1443年に朝鮮の4代目の王である世宗大王と集賢殿の学者らによって作られました。このようにいつ、だれが、何のために、どのように作ったかが分かっている文字はハングルが唯一だと言われています。ハングルの形は、音を出す時の発声器官をかたどったものです。

Ⅱ. ハングルの仕組み

ハングルは子音や母音を表す字母が組み合わさって文字を作ります。字母には14個の基本子音字、10個の基本母音字と5個の合成子音字、11個の合成母音字があります。これらの字母の組み合わせのパターンは以下の通りです。

① 子音字＋母音字

② 子音字＋母音字＋子音字

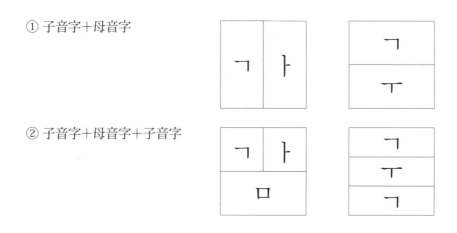

Ⅲ. 韓国語と日本語の類似点

日本語と韓国語はよく似ている言語だと言われますが、どのような点が似ているでしょうか。

① 語順が同じで、日本語と同じく助詞（いわゆるテニヲハ）があります。

日本語：　 私は 　（パンを）食べます。

韓国語：　 나는 　（빵을）먹습니다.
　　　　　 ナ ヌン　　パン ウル　モッ スム ニ ダ

（ 主語 → ☐ 、目的語 → ( )、述語 → ___ 、助詞 → ～～～ ）

② 両言語共に漢字語の割合が高く、漢字語の発音が似ています。

　無理 ⇒ 무리、約束 ⇒ 약속、満足 ⇒ 만족
　　　　 ム リ　　　　　ヤク ソク　　　　 マン ジョク

　しかし、日本語と違って韓国語ではほとんどの場合、一つの漢字は一つの読みしか持ちません。たとえば、「日」という字は [il] としか読まないので、日本は일본 [ilbon]、終日は종일 [tʃoŋil] と読みます。

③ 日本語にも韓国語にも敬語（尊敬語、丁寧語、謙譲語）があります。

　わたし ⇒ 나、わたくし ⇒ 저（나の謙譲語）、召し上がる ⇒ 드시다

第1課 基本母音字

Ⅰ．母音字の制字原理

母音字は、宇宙を形成している三つの要素である天（・）、地（ー）、人（｜）を組み合わせて作られました。

例　・＋｜ ⇒ ㅏ、・＋ー ⇒ ㅗ

Ⅱ．基本母音字

ㅏ [a]	아	口を大きく開けて、「ア」と発音する。
ㅑ [ja]	야	「ヤ」と発音する。
ㅓ [ə]	어	「ア」を発音するように口を開けて「オ」と発音する。
ㅕ [jə]	여	「ヤ」を発音するように口を開けて「ヨ」と発音する。
ㅗ [o]	오	口を突き出して、「オ」と発音する。
ㅛ [jo]	요	「ヨ」と同じように発音する。
ㅜ [u]	우	口を突き出して、「ウ」と発音する。
ㅠ [ju]	유	「ユ」と発音する。
ㅡ [ɯ]	으	唇を平らにして、「ウ」と発音する。
ㅣ [i]	이	「イ」と発音する。

※ 母音のみを書くときは無音のㅇと組み合わせて書きます。

文字と発音

연습(練習) 1　書いてみましょう！

ハングルは左から右、上から下に書きます。○は反時計周りに書きます。

아								
야								
어								
여								
오								
요								
우								
유								
으								
이								

연습(練習) 2　次の単語を読みながら書いてみましょう！

① 아이（こども）

② 우유（牛乳）

③ 오이（きゅうり）

④ 여유（余裕）

⑤ 여우（きつね）

⑥ 이유（理由）

第1課　基本母音字

第2課 基本子音字

Ⅰ. 子音字の制字原理

　　ハングルの子音字は、発音されるときの調音器官（口、舌、歯、喉）の形をかたどって作られました。

Ⅱ. 基本子音字

① ＊ ㄱ [k/g]	舌の付け根のところを盛り上がらせて発音する。 고기 (肉)　　　가구 (家具)
② 　 ㄴ [n]	舌の先を歯の裏につけて [n] と発音する。 나 (私)　　　　누나 (姉)
③ ＊ ㄷ [t/d]	舌の先を歯の裏につけて発音する。 도구 (道具)　　　구두 (靴)
④ 　 ㄹ [r/l]	日本語のラ行とほとんど同じように発音する。 나라 (国)　　　　라디오 (ラジオ)
⑤ 　 ㅁ [m]	両唇をくっつけて [m] と発音する。 나무 (木)　　　　마루 (床)
⑥ ＊ ㅂ [p/b]	唇をくっつけて発音する。 바다 (海)　　　　두부 (豆腐)
⑦ 　 ㅅ [s]	日本語のサ行と同じように発音する。 소리 (音)　　　　가수 (歌手)
⑧ 　 ㅇ [－/ŋ]	語頭に来るときは無音になるが、パッチムの時は [ŋ] と発音する。 아시아 (アジア)　　　요리 (料理)
⑨ ＊ ㅈ [tʃ/dʒ]	舌の平面を上あごの中央に当てて発音する。 지구 (地球)　　　자리 (席)

文字と発音

⑩	ㅊ [tʃʰ]	「ㅈ」を発音しながら息を強く吐き出す。 차（車）　　　치마（スカート）
⑪	ㅋ [kʰ]	「ㄱ」を発音しながら息を強く吐き出す。 코（鼻）　　　쿠키（クッキー）
⑫	ㅌ [tʰ]	「ㄷ」を発音しながら息を強く吐き出す。 노트（ノート）　　　투수（投手）
⑬	ㅍ [pʰ]	「ㅂ」を発音しながら息を強く吐き出す。 파도（波）　　　커피（コーヒー）
⑭	ㅎ [h]	[h]の音を喉の奥から発音する。 하나（一つ）　　　호수（湖）

＊ㄱ、ㄷ、ㅂ、ㅈは語中では有声音化して [g]、[d]、[b]、[dʒ] に発音される（有声音化）。

연습（練習） 次の単語を読みながら書いてみましょう！　　↓4

① 고기　　　　　② 누나

③ 지구　　　　　④ 나라

⑤ 바다　　　　　⑥ 치마

⑦ 노트　　　　　⑧ 커피

⑨ 파도　　　　　⑩ 구두

⑪ 호수　　　　　⑫ 소리

第3課 合成子音字 — 濃音

韓国語の子音字には、平音「ㄱ、ㄷ、ㅂ、ㅈ」— 激音「ㅋ、ㅌ、ㅍ、ㅊ」— 濃音「ㄲ、ㄸ、ㅃ、ㅉ」という3項対立があります。また、ㅅ [s] は平音「ㅅ」— 濃音「ㅆ」の2項対立です。

濃音は、喉を詰まらせるように緊張させて音を出し、表記するときは同じ子音字を重ねます。発音するときには息をほとんど漏らしません。単語の前に小さい「っ」(促音)があると思って発音すると、濃音を発音しやすくなります。

平音	ㄱ	ㄷ	ㅂ	ㅅ	ㅈ
激音	ㅋ	ㅌ	ㅍ		ㅊ
濃音	ㄲ	ㄸ	ㅃ	ㅆ	ㅉ

⬇ 5

① ㄲ [ʔk]	マッカ(真っ赤)の「ッカ」のように発音する。 아까(さっき)　　꼬리(尻尾)
② ㄸ [ʔt]	キットの「ット」のように発音する。 따로(別々)　　또(また)
③ ㅃ [ʔp]	キップ(切符)の「ップ」のように発音する。 오빠(兄)　　뿌리(根っこ)
④ ㅆ [ʔs]	キッサ(喫茶)のときの「ッサ」のように発音する。 싸요(安いです)　　써요(書きます、苦いです)
⑤ ㅉ [ʔtʃ]	ミッツ(三つ)の「ッツ」のように発音する。 짜요(塩辛いです)　　쪄요(蒸します)

文字と発音

연습(練習)1　次の単語を読みながら書いてみましょう！　🔽 6

① 아까　　　　　　　　　　　② 꼬리

③ 따로　　　　　　　　　　　④ 또

⑤ 오빠　　　　　　　　　　　⑥ 뿌리

⑦ 싸요　　　　　　　　　　　⑧ 써요

⑨ 짜요　　　　　　　　　　　⑩ 쪄요

연습(練習)2　次の発音を聞いて○をつけましょう！　🔽 7

① 가요 (行きます)　　까요 (むきます)

② 다요 (全部です)　　따요 (取ります)　　타요 (乗ります)

③ 사요 (買います)　　싸요 (安いです)

④ 자요 (寝ます)　　짜요 (塩辛いです)　　차요 (冷たいです)

第3課　合成子音字 − 濃音

第4課 合成母音字

2つの基本母音字が組み合わさって作られた母音字です。

📥 8

① ㅐ [ɛ] ㅏ + ㅣ	애	口を上下に広げて「エ」と発音する。 애 (子供)　　　　　　　　개 (犬)	
② ㅒ [jɛ] ㅑ + ㅣ	얘	口を上下に広げながら「イェ」と発音する。 얘기 (話)	
③ ㅔ [e] ㅓ + ㅣ	에	口をやや横に広げて「エ」と発音する。 애と에の発音上の区別はほとんどないが、表記上の区別はある。 가게 (店)　　　　　　　　네 (はい)	
④ ㅖ [je] ㅕ + ㅣ	예	口をやや横に広げて「イェ」と発音する。 얘と예の発音上の区別はほとんどないが、表記上の区別はある。 子音と結合した場合、에 [e] と発音する。 예 (はい)　　　　　　　　시계[시게] (時計)	
⑤ ㅘ [wa] ㅗ + ㅏ	와	「ワ」と発音する。 과자 (お菓子)　　　　　　와이셔츠 (ワイシャツ)	
⑥ ㅙ [wɛ] ㅗ + ㅐ	왜	「ウェ」と発音する。 왜 (なぜ)　　　　　　　　돼지 (豚)	
⑦ ㅚ [we] ㅗ + ㅣ	외	「ウェ」と発音する。 왜と외の発音上の区別はほとんどないが、表記上の区別はある。 해외 (海外)　　　　　　　회사 (会社)	

⑧ ㅝ [wə] ㅜ + ㅓ		워	「ウォ」のように発音する。우 [u] と어 [ə] を速く発音する。 추워요 (寒いです)　　　워드 (ワード)
⑨ ㅞ [we] ㅜ + ㅔ		웨	「ウェ」と発音する。 왜と외と웨の発音上の区別はほとんどないが、表記上の区別はある。 궤도 (軌道)　　　웨이터 (ウェーター)
⑩ ㅟ [wi] ㅜ + ㅣ		위	「ウィ」と発音する。 위 (上、胃)　　　취미 (趣味)
⑪ ㅢ [ɯi] ㅡ + ㅣ		의	으 [ɯ] と이 [i] を速く発音する。 ＊現れる場所により3つの読み方がある。 a. 語頭で「ㅇ」と結合した場合：으 [ɯ] と이 [i] を速く発音する。 　의사 [ɯisa] (医者)　　　의자 [ɯidʒa] (椅子) b. 語中か、子音と結合した場合：이 [i] と発音する。 　희다 [hida] (白い)　　　회의 [hwei] (会議) c. 助詞として使われる場合：에 [e] と発音する。 　어머니의 [əmənie] (母の)　　우리의 [urie] (我々の)

연습（練習）次の単語を読みながら書いてみましょう！　🔽 9

① 회사　　　　② 가게

③ 과자　　　　④ 취미

⑤ 얘기　　　　⑥ 의자

第5課 パッチム（終声子音）

　韓国語には**밥**（ご飯）、**안**（中）のように子音で終わる単語があります。このように文字の最後に来る終声子音を「パッチム（**받침**：支えという意味）」といいます。パッチムとして用いられる終声子音は [ᵏ] [ᵗ] [ᵖ] [ŋ] [n] [m] [l] の7つの音のどれかに発音されます。

📥 10

無声音グループ			有声音グループ		
口音	喉の音	① ㄱ、ㅋ、ㄲ [ᵏ] 각、갘、갂 [kaᵏ]	鼻音	喉の音	④ ㅇ [ŋ] 강 [kaŋ]
		지각（遅刻） 부엌（台所） 밖（外）			방（部屋） 빵（パン）
	舌の先の音	② ㄷ、ㅅ、ㅆ、ㅈ、ㅊ、ㅌ、ㅎ [ᵗ] 갇、갓、갔、갖、갗、같、갛 [kaᵗ]		舌の先の音	⑤ ㄴ [n] 간 [kan]
		곧（すぐに、まもなく） 옷（服） 있다[읻따]〈濃音化〉（ある、いる） 낮（昼） 꽃（花） 밑（下、底）			사진（写真） 문제（問題）
	唇の音	③ ㅂ、ㅍ [ᵖ] 갑、갚 [kaᵖ]		唇の音	⑥ ㅁ [m] 감 [kam]
		밥（ご飯） 잎（葉）			담배（たばこ） 컴퓨터（コンピューター）
			流音	舌の先の音	⑦ ㄹ [l] 갈 [kal]
					양말（靴下） 물（水）

子音字が2つのパッチム

넋 [넉] (魂) のように2つの子音字が用いられたパッチムは、2つの子音字の中のどちらかに発音されます。しかし、읽어요 [일거요] (読みます) のように2子母パッチムの次に母音が続くと前 (左) の方の子音字 (ここでは ㄹ) は前の音のパッチムとして残り、後ろ (右) の子音字 (ここでは ㄱ) は後ろの母音とくっ付いて [일거요] (連音化、p.24 参照) と発音されます。

表記	発音	単語
① ㄳ	[k]	넋 [넉] (魂) / 넋이 [넉씨] (魂が)
② ㄺ		닭 [닥] (鶏)、읽다 [익따] (読む) / 읽어요 [일거요] (読みます)
③ ㄵ	[n]	앉다 [안따] (座る) / 앉아요 [안자요] (座ります)
④ ㄶ		많다 [만타] (多い) / 많아요 [마나요] (多いです)
⑤ ㄼ	[l]	짧다 [짤따] (短い) / 짧아요 [짤바요] (短いです)
⑥ ㄽ		외곬 [외골] (一筋) / 외곬으로 [외골쓰로] (一筋に)
⑦ ㄾ		핥다 [할따] (なめる) / 핥아요 [할타요] (なめます)
⑧ ㅀ		싫다 [실타] (嫌いだ) / 싫어요 [시러요] (嫌いです)
⑨ ㄻ	[m]	젊다 [점따] (若い) / 젊어요 [절머요] (若いです)
⑩ ㅄ	[p]	없다 [업따] (ない、いない) / 없어요 [업써요] (ないです、いないです)
⑪ ㄼ		밟다 [밥따] (踏む) / 밟아요 [발바요] (踏みます)
⑫ ㄿ		읊다 [읍따] (詠む) / 읊어요 [을퍼요] (詠みます)

第 6 課 日本語のハングル表記

　韓国の「外来語表記法」によると、日本語のカナをハングルで書くときの規定は次の通りです。

① 「カ行」と「タ行」の一部は語頭の場合は平音で、語中の場合は激音で表記します。
　　川崎 ⇒ 가와사키　　　高田 ⇒ 다카타

② 濁音の文字は平音で表記します。
　　神田 ⇒ 간다　　　名古屋 ⇒ 나고야

③ 促音「っ」はパッチム「ㅅ」、撥音「ん」はパッチム「ㄴ」と表記します。
　　さっぽろ ⇒ 삿포로　　　ぎんざ ⇒ 긴자

④ 半濁音「ぱ」行は、「ㅍ」と表記します。
　　六本木 ⇒ 롯폰기　　　別府 ⇒ 벳푸

⑤ 長音は省略します。
　　大阪 ⇒ 오사카　　　佐藤 ⇒ 사토

読んでみましょう!

　고레데 모지노 벤쿄와 이치단라쿠 시마시타. 모지가 조즈니 요메루 요니 나리마시타카? 고레카라와 기혼 분케야 분포오 벤쿄시테 이키마스. 이치넨고니와 간탄나 분가 쓰쿠레테 이에루요니 간바리마쇼!

　これで もじの べんきょうは いちだんらく しました。もじが じょうずに よめる ように なりましたか。これからは きほん ぶんけいや ぶんぽうを べんきょうして いきます。いちねんごには かんたんな ぶんが つくれて いえる ように がんばりましょう!

文字と発音

	ア列	イ列	ウ列	エ列	オ列	ヤ列	ユ列	ヨ列
あ行	아	이	우	에	오	야	유	요
か行 語中	카	키	쿠	케	코	캬	큐	쿄
語頭、濁音	가	기	구	게	고	갸	규	교
さ行	사	시	스	세	소	샤	슈	쇼
ざ行	자	지	즈	제	조	자	주	조
た行 語中	타	치	쓰	테	토	챠	추	쵸
語頭、濁音	다	지	즈	데	도	자	주	조
な行	나	니	누	네	노	냐	뉴	뇨
は行	하	히	후	헤	호	햐	휴	효
ば行	바	비	부	베	보	뱌	뷰	뵤
ぱ行	파	피	푸	페	포	퍄	퓨	표
ま行	마	미	무	메	모	먀	뮤	묘
ら行	라	리	루	레	로	랴	류	료
わ行	와				오			
ん	ㄴ（パッチム）							
っ（促音）	ㅅ（パッチム）							

연습(練習) ハングルで書いてみましょう！

① 내 이름（私の名前） : _____

② 학교 이름（学校の名前） : _____

第7課 基本的な発音のルール

　ハングルで書かれた単語を読むとき、前後の子音や母音の影響で発音が変わることがあります。このような発音のルールを覚えておくとより自然な韓国語の発音になります。
　ここでは、まず、基本的な発音のルールを紹介します。

1．有声音化

　「ㄱ、ㄷ、ㅂ、ㅈ」が母音や有声音の「ㄴ、ㄹ、ㅁ、ㅇ」に挟まれると影響を受けて有声音になり、濁音に発音されます。

　　母音、ㄴ、ㄹ、ㅁ、ㅇ＋ ㄱ、ㄷ、ㅂ、ㅈ（濁る） ＋母音、ㄴ、ㄹ、ㅁ、ㅇ

　　　고기 [kogi]（肉）　　　　반대 [pandɛ]（反対）
　　　남자 [namdʒa]（男子）　　공기 [koŋgi]（空気）

2．連音化

　パッチムで終わる単語の後に無音「ㅇ」で始まる母音の音節が続くとパッチムが「ㅇ」の位置に移って発音されます。

　　　한국이 [한구기]（韓国が）　　음악 [으막]（音楽）

　※「ㅇ」パッチムの後に母音が続く時は、鼻濁音になります。

　　　영어 [jəŋə]（英語）　　　　종이 [tʃoŋi]（紙）

　※ㅎの弱化

　　a.「ㄴ、ㄹ、ㅁ」パッチムの後、「ㅎ」が続くと「ㅎ」の音が消えて連音化が起きます。

　　　문학 [무낙]（文学）　　　　전화 [저놔]（電話）

　　b.「ㅎ」パッチムの後に母音が続くと「ㅎ」が発音されません。

　　　좋아요 [조아요]（良いです）　넣어요 [너어요]（入れます）

　※二重子音のパッチムの場合、前のパッチムは残り、後のパッチムは母音の「ㅇ」の位置に移って発音されます。

　　　읽으면 [일그면]（読めば）　　짧아요 [짤바요]（短いです）

3．鼻音化

　無声音が鼻音の前で鼻音に変わります。

文字と発音

$[^k]$ (ㄱ、ㄲ、ㅋ)
$[^t]$ (ㄷ、ㅅ、ㅆ、ㅈ、ㅊ、ㅌ、ㅎ) +
$[^p]$ (ㅂ、ㅍ)

ㄴ
ㅁ

⇒

(ㄱ、ㄲ、ㅋ)	→ ㅇ
(ㄷ、ㅅ、ㅆ、ㅈ、ㅊ、ㅌ、ㅎ)	→ ㄴ
(ㅂ、ㅍ)	→ ㅁ

작년 [장년] (去年)　　끝나다 [끈나다] (終わる)
옛날 [옌날] (昔)　　입니다 [임니다] (です)

연습(練習) 次の単語を読んでみましょう！　　⬇12

① 한국 (韓国)　　한국어 (韓国語)　　한국 사람/한국인 (韓国人)
② 일본 (日本)　　일본어 (日本語)　　일본 사람/일본인 (日本人)
③ 중국 (中国)　　중국어 (中国語)　　중국 사람/중국인 (中国人)
④ 베트남 (ベトナム)　　베트남어 (ベトナム語)　　베트남 사람/베트남인 (ベトナム人)
⑤ 태국 (タイ)　　태국어 (タイ語)　　태국 사람/태국인 (タイ人)
⑥ 미국 (アメリカ)　　영어 (英語)　　미국 사람/미국인 (アメリカ人)
⑦ 영국 (イギリス)　　영어 (英語)　　영국 사람/영국인 (イギリス人)
⑧ 러시아 (ロシア)　　러시아어 (ロシア語)　　러시아 사람/러시아인 (ロシア人)
⑨ 프랑스 (フランス)　　프랑스어/불어 (フランス語)
　　　　　　　　　　　　　　　　　프랑스 사람/프랑스인 (フランス人)
⑩ 독일 (ドイツ)　　독일어 (ドイツ語)　　독일 사람/독일인 (ドイツ人)

子音字の名称

ㄱ － 기역　　　　ㅇ － 이응　　　　ㄲ － 쌍기역
ㄴ － 니은　　　　ㅈ － 지읒　　　　ㄸ － 쌍디귿
ㄷ － 디귿　　　　ㅊ － 치읓　　　　ㅃ － 쌍비읍
ㄹ － 리을　　　　ㅋ － 키읔　　　　ㅆ － 쌍시옷
ㅁ － 미음　　　　ㅌ － 티읕　　　　ㅉ － 쌍지읒
ㅂ － 비읍　　　　ㅍ － 피읖
ㅅ － 시옷　　　　ㅎ － 히읗

第7課　基本的な発音のルール

한국어 인사 (韓国語の挨拶)

감사합니다 고맙습니다	안녕하세요?	안녕히 가세요	안녕히 계세요
ありがとうございます	おはようございます こんにちは こんばんは	（残る人が言う） さようなら	（去る人が言う） さようなら
괜찮아요	어서 오세요	미안합니다 죄송합니다	잘 먹겠습니다
大丈夫です	いらっしゃいませ	ごめんなさい すみません	いただきます
많이 드세요	잘 먹었습니다	다녀오겠습니다	다녀왔습니다
たくさん召し上がって ください	ごちそうさまでした	行ってきます	ただいま

2部　文法編

정윤하
鄭ユナ
韓国人留学生

사토 히로키
佐藤ひろき
日本人学生

왕웨이
王ウェイ
中国人留学生

第 1 課 대학생입니다.

>>> **学習項目**
I. 助詞 는/은 (〜は)
II. -입니다 (〜です)
III. -입니까? (〜ですか)

── 職業 ──

가수
歌手

경찰관
警察官

공무원
公務員

교사
教師

기자
記者

대학생
大学生

배우
俳優

요리사
調理師

의사
医師

작가
作家

주부
主婦

회사원
会社員

文法

I. 助詞　는/은（〜は）

名詞に付いて、文で扱う内容、説明の対象、主題を表します。

（パッチムなし）＋ 는
　저 ⇒ 저는　　　　　　　　　　　　　　　　　　　　　　　　（私は）

（パッチムあり）＋ 은
　일본 ⇒ 일본은　　　　　　　　　　　　　　　　　　　　　　（日本は）

연습(練習)　（　　　）の中から助詞を選び、韓国語で書いてみましょう！

① 주부 (는/은)　　⇒ _____

② 작가 (는/은)　　⇒ _____

③ 대학생 (는/은)　⇒ _____

④ 교사 (는/은)　　⇒ _____

⑤ 경찰관 (는/은)　⇒ _____

띄어쓰기（分かち書き）

ハングルで文を書くときには単語と単語の間を空けて書きます。この時、助詞や語尾は前の単語に付けて書きます。

例 저는 한국어를 공부합니다.（私は韓国語を勉強します。）

저 (私)、일본 (日本)

第1課 대학생입니다.

文法

Ⅱ．-입니다　（～です）

名詞に付いて、指示する対象の属性や状態を表します。基本形は、이다です。

（パッチムなし・あり）＋ **입니다**

　　가수 ⇒ 가수 ＋ 입니다 ⇒ 가수입니다.　　　　　　　　　　　　（歌手です。）
　　대학생 ⇒ 대학생 ＋ 입니다 ⇒ 대학생입니다.　　　　　　　　　（大学生です。）

보기（例）

　　마이클 잭슨은 가수입니다.　　　　　　　　（マイケル・ジャクソンは歌手です。）
　　저는 대학생입니다.　　　　　　　　　　　　　　　　　（私は大学生です。）

연습（練習）　（　　　）の日本語を韓国語に訳してみましょう！

① 형은 ＿＿＿＿＿＿＿＿＿＿＿＿＿＿＿＿．
　　　　　　　（公務員です。）

② 다나카 씨는 ＿＿＿＿＿＿＿＿＿＿＿＿＿＿＿＿．
　　　　　　　　　　（会社員です。）

③ 리나 씨는 ＿＿＿＿＿＿＿＿＿＿＿＿＿＿＿＿．
　　　　　　　　（記者です。）

④ 히로키 씨는 ＿＿＿＿＿＿＿＿＿＿＿＿＿＿＿＿．
　　　　　　　　　（医師です。）

⑤ 유나 씨는 ＿＿＿＿＿＿＿＿＿＿＿＿＿＿＿＿．
　　　　　　　　（作家です。）

이다（である）、형（兄）、씨〈名前の後に付く〉（さん）

文法

Ⅲ. -입니까?（〜ですか）

입니다の疑問形です。

（パッチムなし・あり）＋ **입니까？**
    기자 ⇒ 기자 ＋ 입니까? ⇒ 기자입니까?　　　　　　　　　　（記者ですか。）
    한국 사람 ⇒ 한국 사람 ＋ 입니까? ⇒ 한국 사람입니까?　　　（韓国人ですか。）

보기(例)

히로키 씨는 기자<u>입니까</u>?　　　　　　　　　　（ひろきさんは記者ですか。）
윤하 씨는 한국 사람<u>입니까</u>?　　　　　　　　（ユナさんは韓国人ですか。）

연습(練習)　次の文を韓国語に訳してみましょう！

① 日本人ですか。
_____

② 田中さんは主婦ですか。
_____

③ リナさんは調理師ですか。
_____

④ ミナさんは歌手ですか。
_____

⑤ お兄さんは警察官ですか。
_____

한국 (韓国)、사람 (人)

히로키 : 안녕하세요?
　　　　저는 사토 히로키입니다. 일본 사람입니다.
윤하　 : 네, 안녕하세요?
　　　　정윤하입니다. 한국 사람입니다.
히로키 : 윤하 씨는 대학생입니까?
윤하　 : 네, 대학생입니다. 잘 부탁합니다.

네(예)　はい　　잘 부탁합니다[부타캄니다]（激音化）よろしくお願いします

会話を訳してみましょう！

ひろき :＿＿＿＿＿＿＿＿＿＿＿＿＿＿＿＿＿＿＿＿＿＿＿＿＿＿＿＿＿＿＿

ユナ　 :＿＿＿＿＿＿＿＿＿＿＿＿＿＿＿＿＿＿＿＿＿＿＿＿＿＿＿＿＿＿＿

ひろき :＿＿＿＿＿＿＿＿＿＿＿＿＿＿＿＿＿＿＿＿＿＿＿＿＿＿＿＿＿＿＿

ユナ　 :＿＿＿＿＿＿＿＿＿＿＿＿＿＿＿＿＿＿＿＿＿＿＿＿＿＿＿＿＿＿＿

🎧 들어 봅시다! (聞いてみましょう!) ⬇ 16

① _____

② _____

③ _____

🎤 말해 봅시다! (話してみましょう!)

A : 안녕하세요? 저는 _____입니다.

B : 네, 안녕하세요? _____입니다.

A : _____씨는 _____입니까?

B : 네, _____입니다.

⋘ 激音化 ⋙

「ㅎ」の前後に「ㄱ、ㄷ、ㅂ、ㅈ」がくると「ㅋ、ㅌ、ㅍ、ㅊ」に発音されます。

ㄱ、ㄷ、ㅂ、ㅈ + ㅎ　　⇒　ㄱ → ㅋ　축하[추카] (祝い)
　　ㅎ + ㄱ、ㄷ、ㅂ、ㅈ　　　ㄷ → ㅌ　좋다[조타] (良い)
　　　　　　　　　　　　　　ㅂ → ㅍ　입학[이팍] (入学)
　　　　　　　　　　　　　　ㅈ → ㅊ　맞히다[마치다] (当てる)

第1課 대학생입니다.

第 2 課 전공이 뭐예요?

>>> 学習項目
I. 助詞 가/이（〜が）、의（〜の）
II. -예요/이에요（〜です）
-예요?/이에요?（〜ですか）
III. -가/이 아니에요（〜ではありません）
-가/이 아니에요?（〜ではありませんか）

専攻

経営学
경영학

経済学
경제학

国際関係
국제 관계

物理学
물리학

法学
법학
[버팍]

英米文学
영미 문학
[무낙]

日本文化
일본 문화
[무놔]

情報科学
정보 과학

政治学
정치학

文法

Ⅰ. 助詞 가/이, 의

1. 가/이 (〜が)
名詞に付いて、前の名詞が文の主語であることを表します。

(パッチムなし) ＋ **가**　　　배우 ⇒ 배우가　　　　　　　　　　（俳優が）
(パッチムあり) ＋ **이**　　　정치학 ⇒ 정치학이　　　　　　　　（政治学が）

◎ 助詞がつくと変わる単語

私が		君が
저가 ⇒ 제가	나가 ⇒ 내가	너가 ⇒ 네가

2. 의 (〜の)
日本語の助詞「の」に当たりますが、韓国語では省略することが多いです。

(パッチムなし・あり) ＋ **의**　　대학생 ⇒ 대학생의　　　　　　（大学生の）

◎ 助詞がつくと変わる単語

私の		君の
저의 ⇒ 제	나의 ⇒ 내	너의 ⇒ 네

연습(練習)　(　　　)の中から助詞を選び、韓国語で書いてみましょう！

① 영미 문학(가/이)　⇒ ＿＿＿＿＿＿＿＿＿＿

② 일본 문화(가/이)　⇒ ＿＿＿＿＿＿＿＿＿＿

③ 대학생(가/이)　⇒ ＿＿＿＿＿＿＿＿＿＿

④ 경제학(가/이)　⇒ ＿＿＿＿＿＿＿＿＿＿

⑤ 법학(가/이)　⇒ ＿＿＿＿＿＿＿＿＿＿

나 (私)、너 (君、お前)

文法

II. -예요 / 이에요（～です）
-예요? / 이에요?（～ですか）

입니다より柔らかい表現で、会話でよく使われます。話すとき、語尾を上げると疑問文になります。基本形は、이다です。

(パッチムなし) + **예요 / 예요?**
　　국제관계　⇒　국제 관계예요.　　　　　　　　　　　　（国際関係です。）
　　　　　　　　　국제 관계예요?　　　　　　　　　　　　（国際関係ですか。）

(パッチムあり) + **이에요 / 이에요?**
　　물리학　⇒　물리학이에요.　　　　　　　　　　　　　（物理学です。）
　　　　　　　　물리학이에요?　　　　　　　　　　　　　（物理学ですか。）

보기(例)

웨이 씨 전공은 국제 관계<u>예요</u>?　　　　　　（ウェイさんの専攻は国際関係ですか。）
제 전공은 물리학<u>이에요</u>.　　　　　　　　　（私の専攻は物理学です。）

연습(練習) 次の文に-예요/이에요を入れて日本語に訳してみましょう！

① 제 전공은 경영학＿＿＿＿＿＿＿＿＿＿.
＿＿＿＿＿＿＿＿＿＿＿＿＿＿＿＿＿＿＿＿＿＿

② 히로키 씨는 일본 사람＿＿＿＿＿＿＿＿＿＿.
＿＿＿＿＿＿＿＿＿＿＿＿＿＿＿＿＿＿＿＿＿＿

③ 웨이 씨 전공은 경제학＿＿＿＿＿＿＿＿＿＿?
＿＿＿＿＿＿＿＿＿＿＿＿＿＿＿＿＿＿＿＿＿＿

④ 이름이 뭐＿＿＿＿＿＿＿＿＿＿?
＿＿＿＿＿＿＿＿＿＿＿＿＿＿＿＿＿＿＿＿＿＿

전공（専攻）、이름（名前）、뭐（〈무엇の縮約形〉何）

Ⅲ. -가/이 아니에요（～ではありません）
　 -가/이 아니에요?（～ではありませんか）

예요/이에요의 부정형입니다. 話すとき、語尾を上げると疑問文になります。かしこまった表現は、-가/이 아닙니다(아닙니까?) です。基本形は、-가/이 아니다です。

（パッチムなし）+ **가 아니에요 / 아니에요?**
　　가수　⇒　가수가 아니에요.　　　　　　　　　　　（歌手ではありません。）
　　　　　　　가수가 아니에요?　　　　　　　　　　　（歌手ではありませんか。）

（パッチムあり）+ **이 아니에요 / 아니에요?**
　　대학생　⇒　대학생이 아니에요.　　　　　　　　　（大学生ではありません。）
　　　　　　　　대학생이 아니에요?　　　　　　　　　（大学生ではありませんか。）

보기（例）

저는 가수가 아니에요.　　　　　　　　　　　　　　　（私は歌手ではありません。）
마이클 씨는 대학생이 아니에요?　　　　　　　　　　（マイケルさんは大学生ではありませんか。）

연습（練習） 次の文に-가/이 아니에요を入れてみましょう！

① 저는 의사_____.

② 제 전공은 정보 과학_____.

③ 다나카 씨는 회사원_____.

④ 웨이 씨는 기자_____.

⑤ 윤하 씨는 가수_____.

-가/이 아니다 （～ではない）

会話

윤하 : 히로키 씨, 전공이 뭐예요?

히로키 : 제 전공은 경영학이에요.

　　　　윤하 씨 전공은 국제 관계예요?

윤하 : 아니요, 국제 관계가 아니에요.

　　　일본 문화예요.

아니요　いいえ

会話を訳してみましょう！

ユナ 　：＿＿＿＿＿＿＿＿＿＿＿＿＿＿＿＿＿＿＿＿＿＿＿＿＿

ひろき：＿＿＿＿＿＿＿＿＿＿＿＿＿＿＿＿＿＿＿＿＿＿＿＿＿

ユナ 　：＿＿＿＿＿＿＿＿＿＿＿＿＿＿＿＿＿＿＿＿＿＿＿＿＿

🎧 들어 봅시다! (聞いてみましょう!) 📥19

① _____

② _____

③ _____

🎤 말해 봅시다! (話してみましょう!)

① A : 전공이 뭐예요?

　B : _____

② A : 한국 사람이에요?

　B : _____

≪≪≪ 濃音化 ≫≫≫

　無声音のパッチム [ᵏ]、[ᵗ]、[ᵖ] に「ㄱ、ㄷ、ㅂ、ㅅ、ㅈ」で始まる単語が続くと濃音「ㄲ、ㄸ、ㅃ、ㅆ、ㅉ」に発音されます。

無声音のパッチム [ᵏ]、[ᵗ]、[ᵖ] ＋ 　ㄱ ⇒ ㄲ　학교[학꾜] (学校)

　　　　　　　　　　　　　　　　　ㄷ ⇒ ㄸ　꽃다발[꼳따발] (花束)

　　　　　　　　　　　　　　　　　ㅂ ⇒ ㅃ　국밥[국빱] (クッパ)

　　　　　　　　　　　　　　　　　ㅅ ⇒ ㅆ　학생[학쌩] (学生)

　　　　　　　　　　　　　　　　　ㅈ ⇒ ㅉ　극장[극짱] (劇場、映画館)

第 3 課 누나가 있어요?

>>> 学習項目
Ⅰ. 助詞 하고 〈와/과〉（～と）、도（～も）
Ⅱ. -가/이 있어요（～があります・～がいます）
    -가/이 있어요?（～がありますか・～がいますか）
Ⅲ. -가/이 없어요（～がありません・～がいません）
    -가/이 없어요?（～がありませんか・～がいませんか）

家族

할아버지
祖父、おじいさん

할머니
祖母、おばあさん

아버지
父、お父さん | **아빠**
パパ

어머니
母、お母さん | **엄마**
ママ

누나
〈男性から〉姉
언니
〈女性から〉姉

형
〈男性から〉兄
오빠
〈女性から〉兄

나
私

여동생
妹

남동생
弟

딸
娘

아들
息子

文法

Ⅰ. 助詞 하고, 와/과, 도

1. 하고, 와/과（〜と）
　名詞に付いて、人や物を列挙するか、行為を一緒にする対象であることを表します。하고は、主に話すときに使われます。

　　a.（パッチムなし・あり）＋ **하고**
　　　　어머니、아버지 ⇒ 어머니하고 아버지　　　　　　　　　　　　（母と父）
　　　　한국、일본 ⇒ 한국하고 일본　　　　　　　　　　　　　　　　（韓国と日本）

　　b.（パッチムなし）＋ **와**
　　　　아빠、엄마 ⇒ 아빠와 엄마　　　　　　　　　　　　　　　　　（パパとママ）
　　　（パッチムあり）＋ **과**
　　　　한국、일본 ⇒ 한국과 일본　　　　　　　　　　　　　　　　　（韓国と日本）

2. 도（〜も）
　名詞に付いて、対象や事態を羅列したり、付け加えたりするときに用いられます。

　　（パッチムなし・あり）＋ **도**
　　　　일본 ⇒ 일본도　　　　　　　　　　　　　　　　　　　　　　（日本も）

연습（練習） 韓国語に訳してみましょう！

　① 私と田中さん　⇒ _____

　② 兄と弟　　　　⇒ _____

　③ 娘も息子も　　⇒ _____

　④ 姉と妹も　　　⇒ _____

　⑤ 祖父と祖母　　⇒ _____

文法

Ⅱ. －가/이 있어요（〜があります・います）
　－가/이 있어요?（〜がありますか・いますか）

　名詞に付いて、人や物が存在することを表します。話すとき、語尾を上げると疑問文になります。韓国語には、「あります・います」の区別がありません。基本形は、있다です。

（パッチムなし）＋ **가 있어요 / 있어요?**
　　컴퓨터 ⇒ 컴퓨터가 있어요.　　　　　　　　（コンピューターがあります。）
　　　　　　컴퓨터가 있어요?　　　　　　　　　（コンピューターがありますか。）

（パッチムあり）＋ **이 있어요 / 있어요?**
　　남동생 ⇒ 남동생이 있어요.　　　　　　　　（弟がいます。）
　　　　　　남동생이 있어요?　　　　　　　　　（弟さんがいますか。）

연습(練習) （　　　）の中の助詞を選び、日本語に訳してみましょう！

① 책 (가/이) 있어요.

_____

② 식당 (가/이) 있어요?

_____

③ 할아버지하고 할머니 (가/이) 있어요.

_____

④ 오빠 (가/이) 있어요?

_____

⑤ 사전 (가/이) 있어요?

_____

있다 (ある・いる)、컴퓨터 (コンピューター)、책 (本)、식당 (食堂)、사전 (辞書)

Ⅲ. -가/이 없어요（～がありません・いません）
　-가/이 없어요?（～がありませんか・いませんか）

名詞に付いて、人や物が存在しないことを表します。韓国語には、「ありません・いません」の区別がありません。話すとき、語尾を上げると疑問文になります。基本形は、없다です。

（パッチムなし）＋ **가 없어요 / 없어요?**
　누나　⇒　누나가 없어요.　　　　　　　　　　　　　　　（姉がいません。）
　　　　　　누나가 없어요?　　　　　　　　　　　　　　　（お姉さんがいませんか。）

（パッチムあり）＋ **이 없어요 / 없어요?**
　남동생　⇒　남동생이 없어요.　　　　　　　　　　　　　（弟がいません。）
　　　　　　　남동생이 없어요?　　　　　　　　　　　　　（弟さんがいませんか。）

연습（練習） 次の文を韓国語に訳してみましょう！

① 試験がありませんか。
_____

② コンピューターがありませんか。
_____

③ （女性の立場から）姉がいません。
_____

④ 食堂がありません。
_____

⑤ 妹さんがいませんか。
_____

없다（ない・いない）、시험（試験）

会話

윤하 : 히로키 씨는 누나가 있어요?

히로키 : 아니요, 누나는 없어요. 여동생이 있어요.
윤하 씨도 형제가 있어요?

윤하 : 네, 저는 오빠하고 남동생이 있어요.

히로키 : 그렇군요.

형제　兄弟　　그렇군요　そうなんですね

会話を訳してみましょう！

ユナ　：＿＿＿＿＿＿＿＿＿＿＿＿＿＿＿＿＿＿＿＿＿＿＿＿＿＿＿＿＿＿＿＿

ひろき：＿＿＿＿＿＿＿＿＿＿＿＿＿＿＿＿＿＿＿＿＿＿＿＿＿＿＿＿＿＿＿＿

ユナ　：＿＿＿＿＿＿＿＿＿＿＿＿＿＿＿＿＿＿＿＿＿＿＿＿＿＿＿＿＿＿＿＿

ひろき：＿＿＿＿＿＿＿＿＿＿＿＿＿＿＿＿＿＿＿＿＿＿＿＿＿＿＿＿＿＿＿＿

🎧 들어 봅시다! (聞いてみましょう!) ⬇22

① _____

② _____

③ _____

🎤 말해 봅시다! (話してみましょう!)

A : 누나(언니)가 있어요?

B : _____

　　_____씨는 남동생이 있어요?

A : _____

第4課 주말에 무엇을 합니까?

>>> 学習項目　Ⅰ．助詞 에（〜に）、에서（〜で）、를／을（〜を）
　　　　　　Ⅱ．-ㅂ니다／습니다（〜です、〜ます）
　　　　　　Ⅲ．-ㅂ니까？／습니까？（〜ですか、〜ますか）

動詞・形容詞Ⅰ 🔽23

가다 行く

놀다 遊ぶ

마시다 飲む

(를／을)만나다 (に) 会う

많다 多い

맛없다[마덥따] おいしくない

맛있다 おいしい

먹다 食べる

보다 見る

비싸다 (値段)高い

사다 買う

살다 暮らす、住む

오다 来る

읽다 読む

재미있다 おもしろい

하다 する

文法

I. 助詞　에, 에서, 를/을

1．(時間・場所)에　(〜に)
1) 時間を表す名詞に付いて、動作や状態が起こる時間を表します。
2) 場所を表す名詞に付いて、人や事物が存在する場所や位置、移動の目的地を表します。

(パッチムなし・あり) ＋ 에　　아침 ⇒ 아침에　　　　　　　　　　　(朝に)
　　　　　　　　　　　　　　학교 ⇒ 학교에　　　　　　　　　　　(学校に)

2．(場所)에서　(〜で・〜から)
場所を表す名詞に付いて、動作が行われる空間的な範囲や起点を表します。

(パッチムなし・あり) ＋ 에서　학교 ⇒ 학교에서　　　　(学校で・学校から)
　　　　　　　　　　　　　　도서관 ⇒ 도서관에서　　(図書館で・図書館から)

3．를/을　(〜を)
名詞に付いて、文の目的語であることを表します。

(パッチムなし) ＋ 를　　　언니 ⇒ 언니를　　　　　　　　　　　(姉を)
(パッチムあり) ＋ 을　　　책 ⇒ 책을　　　　　　　　　　　　　(本を)

연습(練習)　(　)の中から助詞を選び、韓国語で書いてみましょう！

① 전공 (를/을)　⇒ _____

② 사전 (를/을)　⇒ _____

③ 대학생 (를/을)　⇒ _____

④ 아버지 (를/을)　⇒ _____

⑤ 일본 문화 (를/을)　⇒ _____

아침 (朝)、학교 (学校)、도서관 (図書館)

第4課　주말에 무엇을 합니까?

文法

II. -ㅂ니다/습니다（〜です、〜ます）

用言（動詞、形容詞など）の語幹に付いて、丁寧文になります。

※語幹：韓国語の用言の基本形は－다で終わりますが、－다を取った部分を語幹と言います。活用するとき、変わらない部分です。

（語幹末にパッチムなし）＋ **ㅂ니다**
　가다 ⇒ 가＋ㅂ니다 ⇒ 갑니다　　　　　　　　　　　　　　　　　　　　（行きます）

（語幹末にパッチムあり）＋ **습니다**
　먹다 ⇒ 먹＋습니다 ⇒ 먹습니다　　　　　　　　　　　　　　　　　　　（食べます）

（ㄹパッチムの語幹）－ ㄹ ＋ **ㅂ니다**
　놀다 ⇒ 노＋ㅂ니다 ⇒ 놉니다　　　　　　　　　　　　　　　　　　　　（遊びます）

보기（例）

학교에 갑니다.　　　　　　　　　　　　　　　　　　　　　　（学校に行きます。）
밥을 먹습니다.　　　　　　　　　　　　　　　　　　　　　　（ご飯を食べます。）
친구하고 놉니다.　　　　　　　　　　　　　　　　　　　　　（友達と遊びます。）

연습（練習）　次の文を韓国語に訳してみましょう！

① コンピューターが高いです。
　_____

② 図書館で先輩に会います。
　_____

③ 食堂でご飯を食べます。
　_____

④ おいしくないです。
　_____

밥（ご飯）、친구（友達）、선배（先輩）

文法

Ⅲ．-ㅂ니까?/습니까?（〜ですか、〜ますか）

用言の語幹に付きます。-ㅂ니다/습니다の疑問形です。

비싸다 ⇒ 비싸 + ㅂ니까? ⇒ 비쌉니까?　　　　　　　　　（高いですか）
읽다 ⇒ 읽 + 습니까? ⇒ 읽습니까?　　　　　　　　　　　（読みますか）
살다 ⇒ 사 + ㅂ니까? ⇒ 삽니까?　　　　　　　　　　　　（住んでいますか）

보기（例）

사전이 비쌉니까?　　　　　　　　　　　　　　（辞書が高いですか。）
한국어를 읽습니까?　　　　　　　　　　　　　（韓国語を読みますか。）
일본에 삽니까?　　　　　　　　　　　　　　　（日本に住んでいますか。）

연습（練習） 次の動詞と形容詞をㅂ니까?/습니까?に直し、日本語に訳してみましょう！

　　　　　　　　　　-ㅂ니까?/습니까?　　　　　　　　日本語訳

① 재미있다　_____　_____

② 마시다　　_____　_____

③ 놀다　　　_____　_____

④ 많다　　　_____　_____

⑤ 보다　　　_____　_____

한국어（韓国語）

第4課　주말에 무엇을 합니까?

히로키 : 주말에 무엇을 합니까?

윤하　 : 도서관에 갑니다.

히로키 : 하루종일 도서관에서 공부합니까?

윤하　 : 아니요, 저녁에는 시부야에서 친구를 만납니다.

주말　週末　　하루종일　一日中　　공부　勉強　　저녁　夕方、夕飯　　시부야　渋谷

会話を訳してみましょう！

ひろき：＿＿＿＿＿＿＿＿＿＿＿＿＿＿＿＿＿＿＿＿＿＿＿＿＿＿＿

ユナ　：＿＿＿＿＿＿＿＿＿＿＿＿＿＿＿＿＿＿＿＿＿＿＿＿＿＿＿

ひろき：＿＿＿＿＿＿＿＿＿＿＿＿＿＿＿＿＿＿＿＿＿＿＿＿＿＿＿

ユナ　：＿＿＿＿＿＿＿＿＿＿＿＿＿＿＿＿＿＿＿＿＿＿＿＿＿＿＿

들어 봅시다! (聞いてみましょう！) ⬇25

① _____

② _____

③ _____

 말해 봅시다! (話してみましょう！)

① A : 주말에 무엇을 합니까?

　B : _____

② A : 한국어는 재미있습니까?

　B : _____

―――――――― ≪≪≪ 疑問詞 ≫≫≫ ――――――――

누구	（誰）	누가	（誰が）
무엇	（何）	무슨	（何の）
몇	（〈答が数字の場合〉何）	왜	（なぜ）
언제	（いつ）	어디	（どこ）
어떻게	（どのように）	어떤	（どんな）
얼마	（いくら）	얼마나	（どれぐらい）

第5課 이 치마는 얼마입니까?

> **学習項目**　Ⅰ．漢数字
> 　　　　　　Ⅱ．a．안 -ㅂ니다/습니다
> 　　　　　　　　b．-지 않습니다（〜ません、〜くありません）

ショッピング

구두
靴

넥타이
ネクタイ

모자
帽子

바지
ズボン

시계
時計

안경
眼鏡

양말
靴下

옷
服

우산
傘

운동화
スニーカー

치마
スカート

티셔츠
Tシャツ

Ⅰ. 漢数字

漢数字は番号、日付、値段などを言うときに使われます。

1	2	3	4	5	6	7	8	9	10
일	이	삼	사	오	육	칠	팔	구	십
11	12	13	14	15	16				20
십일	십이	십삼	십사	십오	십육 [심뉵]				이십
0	100	1,000	10,000	100,000,000					
공/영	백	천	만	억					

> 漢数字が付く単位名詞
> 년（〜年）、월（〜月）、일（〜日）、원（〜ウォン）、엔（〜円）、학년（〜年生）

＊ ハングルで書く場合、万単位と単位名詞の前で分ち書きをします。

◎ 月の言い方

일 월（1月） 이 월（2月） 삼 월（3月） 사 월（4月） 오 월（5月） ＊유 월（6月）

칠 월（7月） 팔 월（8月） 구 월（9月）＊시 월（10月） 십일 월（11月） 십이 월（12月）

＊ 6月は육 월ではなく유 월、10月は십 월ではなく시 월と書きます。

＊ 몇 월[며둴] 며칠（何月何日）

보기（例）

만 칠천오백 원이에요.　　　　　　　　　　　　　　　（17,500 ウォンです。）

시 월 십오 일이에요.　　　　　　　　　　　　　　　（10月15日です。）

연습（練習） 次の文を韓国語に訳してみましょう！（数字もハングルで）

① ネクタイは 250,000 ウォンです。

___

② 傘は 840 円です。

___

③ 私の誕生日は 6月 21日です。

___

생일（誕生日）

文法

Ⅱ. a. 안 -ㅂ니다/습니다
b. -지 않습니다（～ません、～くありません）

用言の否定形です。疑問形は안 -ㅂ니까?/습니까?、-지 않습니까? です。

  a. **안**（語幹末にパッチムなし）+ **ㅂ니다**
     가다 ⇒ 안+갑니다 ⇒ 안 갑니다　　　　　　　　　　　　　　　（行きません）

    안（語幹末にパッチムあり）+ **습니다**
     읽다 ⇒ 안+읽습니다 ⇒ 안 읽습니다　　　　　　　　　　　　　（読みません）

    안（ㄹパッチムの語幹）- ㄹ + **ㅂ니다**
     놀다 ⇒ 안+놉니다 ⇒ 안 놉니다　　　　　　　　　　　　　　　（遊びません）

  ※ 名詞+하다の形の動詞は、하다の前に안を入れます。
     공부하다 ⇒ 공부 안 합니다　　　　　　　　　　　　　　　　　（勉強しません）

보기（例）

형은 학교에 안 갑니다.　　　　　　　　　　　　　　（兄は学校に行きません。）
남동생은 신문을 안 읽습니다.　　　　　　　　　　　（弟は新聞を読みません。）
딸은 친구하고 안 놉니다.　　　　　　　　　　　　　（娘は友達と遊びません。）

신문（新聞）

文法

b. （語幹末にパッチムなし・あり）**- 지 않습니다**

마시다 ⇒ 마시+지 않습니다 ⇒ 마시지 않습니다　　　　　　（飲みません）

보기（例）

남동생은 우유를 마시지 않습니다.　　　　　　（弟は牛乳を飲みません。）

연습（練習）
次の文を안 -ㅂ니다/습니다と-지 않습니다を使って二通りの否定文に直してみましょう！

① ご飯を食べません。

② 時計を見ません。

③ 眼鏡が安くありません。

④ 本を読みません。

⑤ 靴下は高くありません。

우유（牛乳）、싸다（安い）

(가게에서)

점원 : 어서 오세요.

윤하 : 이 치마는 얼마입니까?

점원 : 오천 엔입니다.

윤하 : 구두는 안 팝니까?

점원 : 미안합니다. 구두는 팔지 않습니다.

가게 店　점원 店員　이 この　팔다 売る

会話を訳してみましょう！

(　　　　)

店員 : _____

ユナ : _____

店員 : _____

ユナ : _____

店員 : _____

들어 봅시다! (聞いてみましょう!)

① _____

② _____

③ _____

 말해 봅시다! (話してみましょう!)

① A : 한국어 책은 얼마예요?

　B : _____

② A : 아침에 신문을 읽습니까?

　B : _____

⟪⟪⟪ ㄴ添加 ⟫⟫⟫

　合成語において、前の単語にパッチムがあり次の単語の始めが 야、여、요、유、이 の場合、ㄴが付け加えられて 냐、녀、뇨、뉴、니 に発音されます。

꽃잎[꼰닙] (花びら)　　　무슨 일[무슨닐] (何のこと)
솜이불[솜니불] (綿入れ布団)　십육[심뉵] (十六)

第5課　이 치마는 얼마입니까?

 ## 몇 시부터 몇 시까지 아르바이트를 합니까?

> **学習項目**　Ⅰ. 助詞 부터（～から）、까지（～まで）
> 　　　　　　Ⅱ. 固有数字
> 　　　　　　Ⅲ. -(으)러（～しに）

―――――――― 文房具 ――――――――

가방	가위	공책/노트	볼펜
カバン	ハサミ	ノート	ボールペン

수첩	연필	지우개	필통
手帳	鉛筆	消しゴム	筆箱

―――――――― 時間を表す単語Ⅰ ――――――――

아침	낮(점심)	저녁	밤
朝、朝食	昼（昼食）	夕方、夕飯	夜、晩

AM　오전（午前）	PM　오후（午後）

文法

Ⅰ. 助詞 부터, 까지

1. 부터（～から）
時間を表す名詞に付いて、ある動作や状態が始まる起点を表します。

　　（パッチムなし・あり）＋ **부터**　아침 ⇒ 아침부터　　　　　　　　（朝から）

＊場所＋からは에서になります（p.47 参照）

2. 까지（～まで）
名詞に付いて、範囲が終わることを表します。

　　（パッチムなし・あり）＋ **까지**　몇 시 ⇒ 몇 시까지　　　　　　　（何時まで）
　　　　　　　　　　　　　　　　　학교 ⇒ 학교까지　　　　　　　　（学校まで）

연습 (練習)　次の文を韓国語に訳してみましょう！

① 朝から友達に会います。
_____

② 夕方まで授業があります。
_____

③ 夜まで勉強します。
_____

④ 何時までテレビを見ますか。
_____

⑤ 午後から晩まで遊びます。
_____

수업（授業）、텔레비전（テレビ）

文法

Ⅱ．固有数字

固有数字は、数えあげるときや時間を言うときなどに使われます。

1	2	3	4	5	6	7	8	9	10
하나	둘	셋	넷	다섯	여섯	일곱	여덟	아홉	열
*한	두	세	네						

20	30	40	50	60	70	80	90
스물	서른	마흔	쉰	예순	일흔	여든	아흔
*스무							

(*単位名詞が付く場合)

固有数字が付く単位名詞

개（〜個）　　　권（〜冊）　　　달（〜月）　　　대（〜台）
마리（〜匹、〜頭）　명/사람（〜名）　번（〜回、〜度）　병（〈瓶〉〜本）
살（〜歳）　　　시（〜時）　　　잔（〜杯）　　　장（〜枚）
（세（〜歳）は漢数字につく）

보기（例）

스무 살　　　　　　　　　　　　　　　　　　　　　　　（20歳）

세 시 사십 분　　　　　　　　　　　　　　　　　　　（3時40分）

* 時間を言うとき、時は固有数字で、分と秒は漢数字で言います。

연습（練習） 次の質問に韓国語で答えてみましょう！

① 한국어 수업은 몇 시까지입니까?
_____

② 가방에 노트가 몇 권 있습니까?
_____

③ 몇 살입니까?
_____

④ 필통에 지우개는 몇 개 있습니까?
_____

Ⅲ. -(으)러（〜しに）

動詞の語幹に付いて、移動の目的を表します。가다、오다などの移動動詞が続きます。

（語幹末にパッチムなし・ㄹパッチムの語幹）＋ **러**
    마시다 ⇒ 마시+러 ⇒ 마시러　　　　　　　　　　　　　　　　　（飲みに）
    놀다 ⇒ 놀+러 ⇒ 놀러　　　　　　　　　　　　　　　　　　　（遊びに）

（語幹末にパッチムあり）＋ **으러**
    읽다 ⇒ 읽+으러 ⇒ 읽으러　　　　　　　　　　　　　　　　　（読みに）

보기(例)

물을 마시러 갑니다.　　　　　　　　　　　　　　　（お水を飲みに行きます。）
여동생이 놀러 옵니다.　　　　　　　　　　　　　　（妹が遊びに来ます。）
책을 읽으러 도서관에 갑니다.　　　　　　　　　（本を読みに図書館に行きます。）

연습(練習)　　（　　）の動詞を-(으)러に直し、文を書いてみましょう！

① 저녁을 (먹다) 갑니까?
_____

② 영화를 (보다) 시부야에 갑니다.
_____

③ 지우개를 (사다) 갑니다.
_____

④ (공부하다) 학교에 옵니다.
_____

⑤ (부탁하다) 갑니다.
_____

물 (水)、영화 (映画)、부탁하다 (お願いする、頼む)

会話

웨이 : 히로키 씨는 몇 시부터 몇 시까지 아르바이트를 합니까?

히로키 : 저녁 여섯 시부터 여덟 시 반까지 합니다.

웨이 : 이번 주말에도 아르바이트를 합니까?

히로키 : 아니요, 이번 주말은 친구하고 놀러 갑니다.

아르바이트　アルバイト　　반 半　　이번 今度、今回

会話を訳してみましょう！

ウェイ：＿＿＿＿＿＿＿＿＿＿＿＿＿＿＿＿＿＿＿＿＿＿＿＿＿＿

ひろき：＿＿＿＿＿＿＿＿＿＿＿＿＿＿＿＿＿＿＿＿＿＿＿＿＿＿

ウェイ：＿＿＿＿＿＿＿＿＿＿＿＿＿＿＿＿＿＿＿＿＿＿＿＿＿＿

ひろき：＿＿＿＿＿＿＿＿＿＿＿＿＿＿＿＿＿＿＿＿＿＿＿＿＿＿

들어 봅시다! (聞いてみましょう!)

① _____

② _____

③ _____

말해 봅시다! (話してみましょう!)

① A : 어디에 옷을 사러 갑니까?

　B : _____

② A : 몇 시부터 몇 시까지 아르바이트를 합니까?

　B : _____

<<< 指示詞 >>>

이 (この)	이것 (これ)	여기 (ここ)
그 (その)	그것 (それ)	거기 (そこ)
저 (あの)	저것 (あれ)	저기 (あそこ)
어느 (どの)	어느 것 (どれ)	어디 (どこ)

第 7 課 어머니께서 한국에 가십니다.

> **学習項目**
> Ⅰ. 助詞 께서 （〜が〈尊敬形〉）、(으)로 （〜へ、〜で）
> Ⅱ. -(으)시다 （お〜になる、〜なさる、〜でいらっしゃる）
> Ⅲ. -(이)라고 하다 （〜と申す、〜という）

──────── 時間を表す単語Ⅱ ──────── 🔽33

日	月	火	水	木	金	土
일요일	월요일	화요일	수요일	목요일	금요일	토요일
	1	2	3	4	5	6
지난주 先週	────				────	주말 週末
7 이번 주 今週	8 그저께 おととい	9 어제 昨日	⑩ 오늘 今日	11 내일 明日	12 모레 あさって	13 주말 週末
14 다음 주 来週	15 ────	16	17	18	19 ────	20 주말 週末
21	22	23	24	25	26	27 주말 週末
28	29	30	31			

지난달 (先月)　　이번 달 (今月)　　다음 달 (来月)
작년 (昨年、去年)　　올해 (今年)　　내년 (来年)

文法

I. 助詞 께서, (으)로

1. 께서（～が〈尊敬形〉）

助詞가/이の尊敬形です。目上の人を表す名詞の後に付きます。韓国語の敬語は絶対敬語なので、目上の人であれば身内の人にも尊敬語を使います。

＊助詞「は」の尊敬形は、**께서는**になります。

（パッチムなし・あり）＋ **께서**
　어머니 ⇒ 어머니께서　　　　　　　　　　　　　　　　　　（母が）

2. (으)로

a.〈方向〉**(으)로**（～へ）：場所や方向を表す名詞に付いて、そこに移動したり向かったりすることを表します。

（パッチムなし・ㄹパッチム）＋ **로**
　도쿄 ⇒ 도쿄로　　　　　　　　　　　　　　　　　　　　　（東京へ）
　서울 ⇒ 서울로　　　　　　　　　　　　　　　　　　　　　（ソウルへ）

（パッチムあり）＋ **으로**
　백화점 ⇒ 백화점으로　　　　　　　　　　　　　　　　　　（デパートへ）

b.〈手段〉**(으)로**（～で）：名詞に付いて手段を表します。

（パッチムなし・ㄹパッチム）＋ **로**
　버스 ⇒ 버스로　　　　　　　　　　　　　　　　　　　　　（バスで）
　연필 ⇒ 연필로　　　　　　　　　　　　　　　　　　　　　（鉛筆で）

（パッチムあり）＋ **으로**
　볼펜 ⇒ 볼펜으로　　　　　　　　　　　　　　　　　　　　（ボールペンで）

도쿄 (東京)、서울 (ソウル)、백화점 [裵콰점] (デパート)、버스 (バス)

文法

Ⅱ．-(으)시다（お－になる、～なさる、～でいらっしゃる）

動詞の語幹に付きます。主語が目上の人の場合に使う尊敬形です。

（語幹末にパッチムなし）＋ **시다**
　오다 ⇒ 오+시다 ⇒ 오시다　　　　　　　　　　　　　　　　　　（いらっしゃる）

（語幹末にパッチムあり）＋ **으시다**
　읽다 ⇒ 읽+으시다 ⇒ 읽으시다　　　　　　　　　　　　　　　　（お読みになる）

（ㄹパッチムの語幹）－ ㄹ ＋ **시다**
　살다 ⇒ 사+시다 ⇒ 사시다　　　　　　　　　　　　　　　　　　（住まわれる）

◎ 単語として尊敬形を持つ用言

普通形	있다	자다	먹다	마시다
尊敬形	계시다 いらっしゃる 있으시다 おありだ	주무시다 お休みになる	잡수시다 드시다 召し上がる	드시다 お飲みになる

보기(例)

선생님께서 비행기로 <u>오십니다</u>.　　　　　　（先生が飛行機でいらっしゃいます。）
아버지께서 책을 <u>읽으십니다</u>.　　　　　　　　　（父が本をお読みになります。）
할머니께서는 서울에 <u>사십니다</u>.　　　　　（祖母はソウルに住まわれています。）

연습(練習)　次の文を尊敬形を使って韓国語に訳してみましょう！

① 今週の土曜日には父が家にいらっしゃいます。
___

② 日曜日に祖父は山に行かれます。
___

③ 母が朝食を召しあがります。
___

자다（寝る）、선생님（先生）、집（家）、산（山）

Ⅲ. -(이)라고 하다（〜と申す、〜という）

名詞に付きます。ある出来事、人物、事物が何と呼ばれているか説明します。助詞 는/은と一緒に使われることが多いです。

（パッチムなし）＋ **라고 하다**
　어제 ⇒ 어제 ＋ 라고 하다 ⇒ 어제라고 하다　　　　　　　　（「어제」という）

（パッチムあり）＋ **이라고 하다**
　라이넨 ⇒ 라이넨 ＋ 이라고 하다 ⇒ '라이넨'이라고 하다　　　（来年という）

보기（例）

'기노'는 한국어로 어제라고 합니다.　　　（昨日は韓国語で「어제」といいます。）
내년은 일본어로 '라이넨'이라고 합니다.　　（「내년」は日本語で来年といいます。）

연습（練習） 次の質問に韓国語で答えてみましょう！

① 이름이 뭐예요?
_____

② 'アルバイト'는 한국어로 뭐라고 합니까?
_____

③ '昼食'는 한국어로 뭐라고 합니까?
_____

④ 오늘은 일본어로 뭐라고 합니까?
_____

⑤ 'ズボン'은 한국어로 뭐라고 합니까?
_____

일본어（日本語）

会話

히로키 : 다음 주에 어머니께서 한국에 가십니다.

윤하 : 관광하러 가십니까?

히로키 : 네, 어머니는 한국 '레이멘'을 좋아하십니다.

윤하 : 그렇군요.

  '레이멘'은 한국어로 냉면이라고 합니다.

(을/를) 좋아하다 好きだ、好む　관광 観光　냉면 冷麺

 会話を訳してみましょう！

ひろき : ＿＿＿＿＿＿＿＿＿＿＿＿＿＿＿＿＿＿

ユナ　 : ＿＿＿＿＿＿＿＿＿＿＿＿＿＿＿＿＿＿

ひろき : ＿＿＿＿＿＿＿＿＿＿＿＿＿＿＿＿＿＿

ユナ　 : ＿＿＿＿＿＿＿＿＿＿＿＿＿＿＿＿＿＿

들어 봅시다! (聞いてみましょう!) 🎧 35

① _____

② _____

③ _____

말해 봅시다! (話してみましょう!)

① A : 한국 냉면을 좋아하십니까?

　B : _____

② A : '昨年'은 한국어로 뭐라고 합니까?

　B : _____

조사 정리 (助詞のまとめ)

日本語の助詞	単語の末に パッチムなし	単語の末に パッチムあり	口語	尊敬形
が	가	이	—	께서
は	는	은	—	께서는
を	를	을	—	—
と	와	과	하고	—
(方向)へ	(ㄹパッチム)로	으로	—	—
(手段)で	(ㄹパッチム)로	으로	—	—
(場所)で	에서		—	—
(人)に	에게		한테	께
(場所)に	에		—	—
の	의		—	—
も	도		—	—
(時間)から	부터		—	—
(場所)から	에서		—	—
(人)から	에게서		한테서	—
まで	까지		—	—

몸 (体)

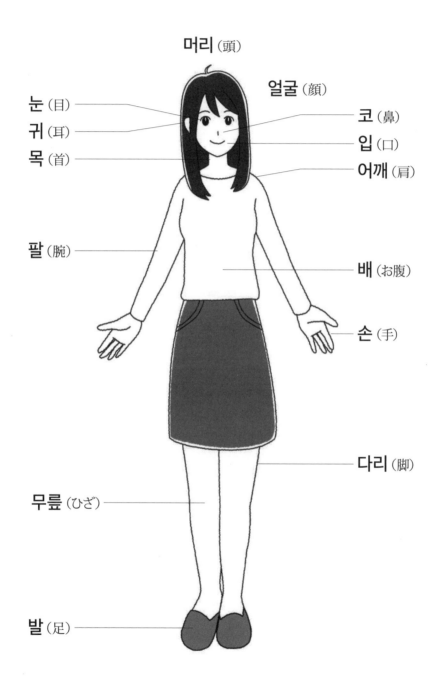

第 8 課 졸업하면 뭐하고 싶습니까?

>>> **学習項目**
Ⅰ．-(으)면（〜ば、〜たら、〜と）
　　〈-(으)면 되다〉（〜すればいい、〜ければいい）
Ⅱ．-고 싶다（〜したい）
　　〈-고 싶어하다〉（〜したがる）
Ⅲ．-(으)ㅂ시다（〜しましょう）

学校

입학
入学
입학생
入学生

졸업
卒業
졸업생
卒業生

유학
留学
유학생
留学生

유치원
幼稚園
유치원생
幼稚園児

초등학교
小学校
초등학생
小学生

중학교
中学校
중학생
中学生

고등학교
高等学校
고등학생
高校生

대학교
大学
대학생
大学生

대학원
大学院
대학원생
大学院生

文法

Ⅰ．-(으)면（～ば、～たら、～と）

用言の語幹に付いて、仮定や条件を表します。

（語幹末パッチムなし・ㄹパッチム）＋ **면**

 오다 ⇒ 오 ＋ 면 ⇒ 오면   （来たら）
 놀다 ⇒ 놀 ＋ 면 ⇒ 놀면   （遊んだら）

（語幹末パッチムあり）＋ **으면**

 재미없다 ⇒ 재미없 ＋ 으면 ⇒ 재미없으면   （おもしろくなければ）

보기（例）

선생님이 오시면 식사합니다.   （先生がいらっしゃったら食事します。）
친구하고 서울에서 놀면 재미있습니다. （友達とソウルで遊んだらおもしろいです。）
영화가 재미없으면 안 봅니다.   （映画がおもしろくなければ見ません。）

연습（練習）　次の文を韓国語に訳してみましょう！

① 時間がなければ、ご飯を食べません。

___

② 大学に入学したら韓国に遊びに行きます。

___

③ お金が百万円あったら、何をしますか。

___

> **-(으)면 되다（～すればいい、～ければいい）**
> 用言の語幹に付いて、ある行為をしたり、ある状態であれば問題がないことや条件が十分なことを表します。
> 월요일에 여기에 오면 됩니까?　（月曜日にここに来ればいいですか。）

식사하다（食事する）、재미없다（おもしろくない）、시간（時間）、돈（お金）

文法

Ⅱ．-고 싶다（～したい）

動詞の語幹に付いて、話し手の希望や願望を表します。

（語幹末にパッチムなし・あり）＋ **고 싶다**

마시다 ⇒ 마시 ＋ 고 싶다 ⇒ 마시고 싶다　　　　　　　　　　　（飲みたい）
먹다　⇒ 먹 ＋ 고 싶다　⇒ 먹고 싶다　　　　　　　　　　　　（食べたい）

보기（例）

커피를 마시고 싶습니다.　　　　　　　　　　　　（コーヒーを飲みたいです。）
집에서 점심을 먹고 싶습니다.　　　　　　　　　　（家でお昼を食べたいです。）

연습（練習）　（　　　）の動詞を-고 싶다に直し、文を書いてみましょう！

① 초등학교 선생님이 (되다)?

_____

② 일요일에는 영화를 (보다).

_____

③ 미국에 (유학하다).

_____

④ 한국에서 친구를 (만나다).

_____

⑤ 토요일에는 집에서 책을 (읽다).

_____

-고 싶어하다（～したがる）

動詞の語幹に付いて、第三者の希望や願望を表します。

아들이 친구하고 놀고 싶어합니다.（息子が友達と遊びたがります。）

커피（コーヒー）、가/이 되다（～になる）、미국（アメリカ）

Ⅲ. -(으)ㅂ시다（〜しましょう）

動詞の語幹に付きます。目下か同等な関係の相手にある行動を提案、要求することを表します。

(語幹末にパッチムなし) ＋ **ㅂ시다**
보다 ⇒ 보 ＋ ㅂ시다 ⇒ **봅시다**　　　　　　　　　　　　　　　　　　　　　（見ましょう）

(語幹末にパッチムあり) ＋ **읍시다**
앉다 ⇒ 앉 ＋ 읍시다 ⇒ **앉읍시다**　　　　　　　　　　　　　　　　　　　　（座りましょう）

(ㄹパッチムの語幹) － ㄹ ＋ **ㅂ시다**
놀다 ⇒ 노 ＋ ㅂ시다 ⇒ **놉시다**　　　　　　　　　　　　　　　　　　　　　（遊びましょう）

보기(例)

같이 그 영화를 <u>봅시다</u>.　　　　　　　　　　　　　　（一緒にその映画を見ましょう。）
저기에 <u>앉읍시다</u>.　　　　　　　　　　　　　　　　　（あそこに座りましょう。）
주말에 <u>놉시다</u>.　　　　　　　　　　　　　　　　　　（週末に遊びましょう。）

연습(練習)　（　　　）の動詞を-(으)ㅂ시다に直し、文を書いてみましょう！

① 같이 고등학교 친구를 만나러 (가다).

_____

② 도서관에서는 조용히 (하다).

_____

③ 다음 주에 우리 집에서 같이 저녁을 (먹다).

_____

④ 주말에 영화를 (보러 가다).

_____

앉다 (座る)、같이 (一緒に)、조용히 (静かに)、우리 (うち、私たち〈の〉)

히로키 : 졸업하면 뭐 하고 싶습니까?

웨이 : 저는 고등학교 선생님이 되고 싶습니다. 히로키 씨는요?

히로키 : 대학원에서 공부를 더 하고 싶습니다.

웨이 : 우리 서로 열심히 공부합시다.

―는요?[는뇨] ～はどうですか　　더　もっと　　서로　互い、互いに

열심히[열씨미]　一生懸命に

会話を訳してみましょう！

ひろき : _____

ウェイ : _____

ひろき : _____

ウェイ : _____

들어 봅시다! (聞いてみましょう!)

① _____

② _____

③ _____

말해 봅시다! (話してみましょう!)

A : 졸업하면 뭐 하고 싶습니까?

B : _____

　　_____씨는요?

A : _____

⟪⟪⟪ 口蓋音化 ⟫⟫⟫

パッチム「ㄷ、ㅌ」が後続する이、히の影響を受けて「ㅈ、ㅊ」と発音されます。

　ㄷ + 이 ⇒ ㄷ → ㅈ 　　해돋이[해도지] (日の出)
　ㅌ + 이 ⇒ ㅌ → ㅊ 　　같이[가치] (一緒に)
　ㄷ + 히 ⇒ ㄷ → ㅊ 　　닫히다[다치다] (閉まる)

第8課　졸업하면 뭐하고 싶습니까?

第9課 가끔 중국 음식을 만들어요.

>>> 学習項目
Ⅰ．（語幹末にパッチムあり）-아/어요（〜です、〜ます）
Ⅱ．a. 못 + 動詞
　　b. -지 못하다（〜することができない）
Ⅲ．-(으)세요 <-(으)십시오>（〜してください）

動詞・形容詞Ⅱ 39

길다
長い

낮다
低い

넓다
広い

높다
（高低）高い

닦다
磨く、拭く

닫다
閉める

만들다
作る

받다
受ける、もらう、受け取る

씻다
洗う

알다
知る、わかる

열다
開ける

입다
着る、穿く

작다
小さい

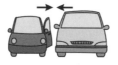
좁다
狭い

좋다
良い

짧다
短い

Ⅰ．（語幹末にパッチムあり）-아/어요（～です、ます）

用言に付きます。-ㅂ니다/습니다より会話でよく使われます。「～です、ます」の意味以外にも「～ましょう」、「～て下さい」という意味も持っています。疑問文の場合、疑問符を付けて書くか、話すときに語尾を上げます。

陽母音	ㅏ, ㅗ, (ㅑ, ㅛ)
陰母音	ㅏ, ㅗ, (ㅑ, ㅛ) 以外

（語幹末の母音が陽母音）＋ **아요**

 닫다 ⇒ 닫 + 아요 ⇒ 닫아요   （閉めます）

（語幹末の母音が陰母音）＋ **어요**

 길다 ⇒ 길 + 어요 ⇒ 길어요   （長いです）

 ＊하다 ⇒ 해요   （します）

📜 **보기（例）**

 열 시에 문을 닫아요.   （10 時に門を閉めます。）
 한강은 길어요.   （漢江は長いです。）
 ＊오늘은 아르바이트를 해요?   （今日はアルバイトをしますか。）

📜 **연습（練習）** 次の文を-아/어요を使って韓国語に訳してみましょう！

① この靴は小さいです。

_____

② 妹の鉛筆は短いです。

_____

③ 運動場が広いです。

_____

④ 服を着ます。

_____

⑤ 私の家は狭いです。

_____

문（ドア、門）、한강（漢江）、운동장（運動場）

文法

Ⅱ. 못 ＋ 動詞
－지 못하다（〜することができない）

　－지 못하다は動詞の語幹に付きます。不可能や能力がないこと、思う通りにならないことを表します。助詞는를/을を使います。

a. 못 ＋ 動詞

　　먹다 ⇒ 못 ＋ 먹다 ⇒ 못 먹다　　　　　　　　　　　　（食べることができない）

　　※名詞＋하다の場合は「하다」の前に못を付けます。
　　공부하다 ⇒ 공부＋ 못 ＋ 하다 ⇒ 공부 못 하다　　　　（勉強できない）

b.（語幹末にパッチムなし・あり）＋ 지 못하다

　　먹다 ⇒ 먹 ＋ 지 못하다 ⇒ 먹지 못하다　　　　　　　（食べることができない）
　　씻다 ⇒ 씻 ＋ 지 못하다 ⇒ 씻지 못하다　　　　　　　（洗うことができない）

보기（例）

　김치를 못 먹어요?　　　　　　　　　　　（キムチを食べられませんか。）
　거기에서는 손을 씻지 못합니다.　　　　　（そこでは手を洗うことができません。）

연습（練習）　次の文을 못または－지 못하다を使って韓国語に訳してみましょう！

① 水曜日には行くことができませんか。
_____

② ドアを開けることができません。
_____

③ 日本料理を作ることができません。
_____

④ お金を受け取ることができません。
_____

⑤ 卒業することができません。
_____

김치（キムチ）、요리（料理）

Ⅲ. -(으)세요 〈-(으)십시오〉（〜してください）

動詞の語幹に付いて、命令や要請を表します。

（語幹末にパッチムなし） + **세요** 〈-**십시오**〉
　가다 ⇒ 가 + 세요 ⇒ 가세요 (가십시오)　　　　　　　　　　　（行ってください。）

（語幹末にパッチムあり） + **으세요** 〈-**으십시오**〉
　입다 ⇒ 입 + 으세요 ⇒ 입으세요 (입으십시오)　　　　　　　　（着てください。）

（ㄹパッチムの語幹） − ㄹ + **세요** 〈-**십시오**〉
　열다 ⇒ 여 + 세요 ⇒ 여세요 (여십시오)　　　　　　　　　　　（開けてください。）

보기(例)

빨리 가세요(가십시오).　　　　　　　　　　　　　　（速く行ってください。）
티셔츠를 입으세요(입으십시오).　　　　　　　　　　（Tシャツを着てください。）
창문을 여세요(여십시오).　　　　　　　　　　　　　（窓を開けてください。）

연습(練習) 次の文を韓国語に訳してみましょう！

① 明日、2時に来てください。
　_____

② 新聞を読んでください。
　_____

③ 本を借りたかったら図書館に行ってください。
　_____

④ 窓を拭いてください。
　_____

⑤ 笑ってください。
　_____

빨리 (速く、早く)、창문 (窓)、빌리다 (借りる)、웃다 (笑う)

웨이 : 윤하 씨는 요리 잘해요?

윤하 : 잘 못해요. 웨이 씨는요?

웨이 : 저는 가끔 중국 음식을 만들어요.

윤하 : 어머! 저는 중국 음식을 좋아해요.

웨이 : 주말에 히로키 씨하고 우리 집에 놀러 오세요.
　　　같이 저녁 먹어요.

| 잘하다 上手だ | 가끔 たまに、ときどき、時たま | 중국 中国 |
| 음식 食べ物 | 어머 あら | |

会話を訳してみましょう！

ウェイ：_____

ユナ　：_____

ウェイ：_____

ユナ　：_____

ウェイ：_____

🎧 들어 봅시다! (聞いてみましょう!)

① _____

② _____

③ _____

🎤 말해 봅시다! (話してみましょう!)

① A : 무슨 음식을 좋아해요?

　B : _____

② A : 무슨 음식을 못 먹어요?

　B : _____

⟪⟪⟪ 과일 (果物) ⟫⟫⟫

감 (柿)	귤 (ミカン)	딸기 (イチゴ)	배 (梨)
복숭아 (桃)	사과 (リンゴ)	수박 (スイカ)	포도 (ブドウ)

第9課　가끔 중국 음식을 만들어요.

第10課 한국에 돌아가야 해요.

>>> **学習項目**
Ⅰ．（語幹末にパッチムなし）-아/어요（～です、～ます）
Ⅱ．-아/어야 하다（되다）（～しなければならない）
Ⅲ．-(으)ㄹ거예요（～するつもりです、～するでしょう、～いでしょう）

― 動詞Ⅲ ―

가르치다
教える

기다리다
待つ

끝나다
終わる

나가다
出ていく、出かける

나오다
出てくる

내리다
降る、降りる

다니다
通う

배우다
習う

보내다
送る、贈る

서다
立つ

세우다
立てる

시작하다
始める

싫어하다
嫌う、嫌がる

일하다
仕事する

주다
あげる、くれる

(를/을)타다
乗る

Ⅰ．（語幹末にパッチムなし）-아/어요（～です、～ます）

用言に付きます。語幹末にパッチムがなく、母音が続くため同じ母音が省略されたり、異なる母音が結合して合成母音になったりします。（第9課文法Ⅰの説明を参照）

（語幹末の母音が陽母音）＋ **아요**

 타다 ⇒ 타 + 아요 ⇒ 타요　　　　　　　　　　　　　　（乗ります）
 나오다 ⇒ 나오 + 아요 ⇒ 나와요　　　　　　　　　　　（出てきます）

（語幹末の母音が陰母音）＋ **어요**

 서다 ⇒ 서 + 어요 ⇒ 서요　　　　　　　　　　　　　　（立ちます）
 주다 ⇒ 주 + 어요 ⇒ 줘요　　　　　　　　　　　　　　（くれます、あげます）
 마시다 ⇒ 마시 + 어요 ⇒ 마셔요　　　　　　　　　　　（飲みます）
 보내다 ⇒ 보내 + 어요 ⇒ 보내요　　　　　　　　　　　（送ります）
 되다 ⇒ 되 + 어요 ⇒ 돼요　　　　　　　　　　　　　　（なります）
 쉬다 ⇒ 쉬 + 어요 ⇒ 쉬어요　　　　　　　　　　　　　（休みます）

보기(例)

다음 주에 같이 자전거를 <u>타요</u>.　　　　（来週、一緒に自転車に乗りましょう。）
일본 친구한테 선물을 <u>보내요</u>.　　　　　（日本の友達にプレゼントを贈ります。）

연습(練習) 次の文を-아/어요を使って韓国語に訳してみましょう！

① 授業は何時に終わりますか。

___

② 弟は高校に通います。

___

③ 学校で韓国語を習います。

___

④ 7時まで姉を待ちます。

___

쉬다 (休む)、자전거 (自転車)、선물 (プレゼント)

第10課 한국에 돌아 가야 해요.

文法

Ⅱ．-아/어야 하다(되다) (〜しなければならない)

動詞に付いて、義務や必要な状態や条件を表します。

(語幹末の母音が陽母音) ＋ **아야 하다(되다)**
끝나다 ⇒ 끝나 ＋ 아야 하다 ⇒ 끝나야 하다(되다)　　　(終わらなければならない)

(語幹末の母音が陰母音) ＋ **어야 하다(되다)**
씻다 ⇒ 씻 ＋ 어야 하다 ⇒ 씻어야 하다(되다)　　　(洗わなければならない)

일하다 ⇒ 일해 ＋ 야 하다 ⇒ 일해야 하다(되다)　　　(仕事しなければならない)

보기(例)

5시까지 수업이 <u>끝나야 해요(돼요)</u>．（5時までに授業が終わらなければなりません。）
손을 <u>씻어야 해요(돼요)</u>．　　　　　　　（手を洗わなければなりません。）
내일까지 <u>일해야 해요(돼요)</u>．　　　　　（明日まで仕事しなければなりません。）

연습(練習)

(　　) の動詞を －아/어야 해요(돼요) に直し、日本語に訳してみましょう！

① 오늘은 계획을 (세우다).　　⇒ _____

② 외국인한테 한국어를 (가르치다).　⇒ _____

③ 숙제를 빨리 (시작하다).　　⇒ _____

④ 여기서 (내리다).　　　　　⇒ _____

⑤ 한국어 공책을 (주다).　　　⇒ _____

계획 (計画)、외국인 (外国人)、숙제 (宿題)

Ⅲ. -(으)ㄹ 거예요 (～するつもりです、～するでしょう・～いでしょう)

用言の語幹に付いて、強い意志や意思と推測を表します。疑問符を付けて書くか、話すとき語尾を上げると疑問文になります。

(語幹末にパッチムなし) ＋ **ㄹ 거예요**
　싸다 ⇒ 싸 ＋ ㄹ 거예요 ⇒ 쌀 거예요　　　　　　　　　　　　　　(安いでしょう)

(語幹末にパッチムあり) ＋ **을 거예요**
　읽다 ⇒ 읽 ＋ 을 거예요 ⇒ 읽을 거예요　　　　　　　　　　　　　(読むつもりです)

(ㄹパッチムの語幹) － ㄹ ＋ **ㄹ 거예요**
　알다 ⇒ 아 ＋ ㄹ 거예요 ⇒ 알 거예요　　　　　　　　　　　　　　(知っているでしょう)

보기(例)

그 가게는 티셔츠가 쌀 거예요.　　　　　　(その店はTシャツが安いでしょう。)
오늘 그 책을 읽을 거예요?　　　　　　　　(今日、その本を読むつもりですか。)
선생님은 그 학생을 알 거예요.　　　　　　(先生はその学生を知っているでしょう。)

연습(練習)　(　　)の動詞と形容詞を-(으)ㄹ 거예요に直し、文を書いてみましょう！

① 오후에 비가 (내리다).

――――――――――――――――――――――――――――――――

② 이번 주말에 어디에 (놀러 가다)?

――――――――――――――――――――――――――――――――

③ 무엇을 (먹다)?

――――――――――――――――――――――――――――――――

④ 몇 시에 집에서 (나오다)?

――――――――――――――――――――――――――――――――

⑤ 형한테는 그 선물이 (좋다).

――――――――――――――――――――――――――――――――

비(雨)

会話

히로키 : 방학에 뭐 할 거예요?

윤하 : 한국에 돌아가야 해요.

히로키 : 어! 저도 한국에 가요.

시간 있으면 서울에서 만나요.

윤하 : 물론이에요. 전화하세요.

방학 （学校の）休み　　돌아가다 帰る　　물론 もちろん

会話を訳してみましょう！

ひろき：＿＿＿＿＿＿＿＿＿＿＿＿＿＿＿＿＿＿＿＿＿＿＿＿＿＿＿

ユナ　：＿＿＿＿＿＿＿＿＿＿＿＿＿＿＿＿＿＿＿＿＿＿＿＿＿＿＿

ひろき：＿＿＿＿＿＿＿＿＿＿＿＿＿＿＿＿＿＿＿＿＿＿＿＿＿＿＿

ユナ　：＿＿＿＿＿＿＿＿＿＿＿＿＿＿＿＿＿＿＿＿＿＿＿＿＿＿＿

🎧 들어 봅시다! (聞いてみましょう!) ⬇44

① _____

② _____

③ _____

🎤 말해 봅시다! (話してみましょう!)

① A : 이번 방학에 뭐 할 거예요?

　　B : _____

② A : 오늘 학교에서 무엇을 해야 해요?

　　B : _____

第11課 감기에 걸려서 병원에 갔어요.

> **学習項目**
> Ⅰ．-았/었다（〜した、〜かった）
> Ⅱ．-고（〜して、〜くて、〜するし、だし）
> Ⅲ．-아/어서（〜して、〜ので、〜だから）
> 　〈-(이)라서〉（〜なので）

―― 医療にかかわる単語 ――

간호사
看護師

감기(에 걸리다)
風邪（をひく）

구급차
救急車

기침(이 나다)
咳（が出る）

병원
病院

약
薬

약국
薬局

열(이 나다)
熱（が出る）

응급실
救急室

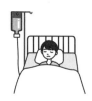
입원
入院

주사(를 맞다)
注射（をうってもらう）

퇴원
退院

文法

Ⅰ．-았/었다（〜した、〜かった）

用言に付いて、動作や状況が過去に起こったことを表します。丁寧形は -았/었어요 (-았/었습니다) です。疑問文の場合、-았/었어요の後に疑問符を付けて書くか、話すときに語尾を上げます。-았/었습니다の場合は -았/었습니까? になります。

（語幹末の母音が陽母音）＋ **았다**
받다 ⇒ 받 ＋ 았다 ⇒ 받았다　　　　　　　　　　　　　　　　（もらった）

（語幹末の母音が陰母音）＋ **었다**
열다 ⇒ 열 ＋ 었다 ⇒ 열었다　　　　　　　　　　　　　　　　（開けた）

하다 ⇒ 해 ＋ ㅆ다 ⇒ 했다　　　　　　　　　　　　　　　　　（した）

보기(例)

어제 편지를 <u>받았어요 (받았습니다)</u>.　　　（昨日、手紙をもらいました。）
문을 안 <u>열었어요 (안 열었습니다)</u>.　　　　（ドアを開けませんでした。）
지난주에 입원을 <u>했어요? (했습니까?)</u>　　（先週、入院をしましたか。）

연습(練習) (　　)の動詞と形容詞を-았/었어요に直し、文を書いてみましょう！

① 구급차가 (오다)?

_____

② 지난주에는 열이 (높다).

_____

③ 언니는 간호사가 (되다).

_____

④ 언제 퇴원을 (하다)?

_____

⑤ 어제 약국에서 약을 (사다).

_____

편지 (手紙)

文法

Ⅱ．-고（～して、～くて、～するし、～だし）

用言の語幹に付いて、二つ以上の行為や事実を羅列します。

（語幹末にパッチムなし・あり）＋ 고

    싸다 ⇒ 싸 + 고 ⇒ 싸고　　　　　　　　　　　　　　　　　　（安くて）
    먹다 ⇒ 먹 + 고 ⇒ 먹고　　　　　　　　　　　　　　　　　　（食べて）

보기（例）

이 사과는 싸고 맛있어요.　　　　　　　　　（このリンゴは安くておいしいです。）
약도 먹고 주사도 맞았어요.　　　　　　　（薬も飲んで注射もうってもらいました。）

연습（練習）　例のように文を作ってみましょう！

例 공부, 하다, 친구, 만나다
    공부도 하고 친구도 만나요.

① 열, 나다, 기침, 나다

② 음악, 듣다, 책, 읽다

③ 지하철, 타다, 버스, 타다

④ 친구, 만나다, 쇼핑, 하다

⑤ 이 책, 짧다, 재미있다

음악（音楽）、지하철（地下鉄）、쇼핑（ショッピング）

Ⅲ. -아/어서（〜して/〜ので、〜だから）

用言に付きます。2つの行為が時間の順序に起きたことや、前の行為や状態が原因や理由であることを表します。

（語幹末の母音が陽母音）＋ **아서**

일어나다 ⇒ 일어나 + 아서 ⇒ 일어나서　　　　　　　　　　　　　　（起きて）

보다 ⇒ 보 + 아서 ⇒ 봐 + 서 ⇒ 봐서　　　　　　　　　　　　　　（見たので）

（語幹末の母音が陰母音）＋ **어서**

읽다 ⇒ 읽 + 어서 ⇒ 읽어서　　　　　　　　　　　　　　　　　（読んだので）

마시다 ⇒ 마시 + 어서 ⇒ 마셔 + 서 ⇒ 마셔서　　　　　　　　　（飲んだので）

보기(例)

아침에 일어나서 창문을 열었어요.　　　　　（朝起きて窓を開けました。）

신문을 읽어서 알아요.　　　　　　　　（新聞を読んだので知っています。）

연습(練習) 次の文を韓国語に訳してみましょう！

① 友達と会って映画を見ました。

___

② 地下鉄が来ないので、待ちました。

___

③ 熱が高くて病院に行きました。

___

④ 授業が終わったので、アルバイトをしに行きます。

___

名詞 ＋ (이)라서（〜なので）

감기라서 학교에 못 가요. 　（風邪なので学校に行けません。）

병원이라서 전화 못 해요. 　（病院なので電話できません。）

일어나다（起きる、〈席から〉立つ）

会話

히로키 : 어제 왜 결석했어요?

윤하　 : 감기에 걸려서 병원에 갔어요. (콜록콜록)

히로키 : 약은 먹었어요?

윤하　 : 네, 약도 먹고 쉬었어요.

결석　欠席　　콜록콜록　ゴホンゴホン

会話を訳してみましょう！

ひろき：_____

ユナ　：_____

ひろき：_____

ユナ　：_____

🎧 들어 봅시다! (聞いてみましょう！) 　　　　　　　　⬇47

① _____

② _____

③ _____

🎤 말해 봅시다! (話してみましょう！)

① A : 감기에 걸리면 어떻게 해요?

　B : _____

② A : 어제 뭐 했어요?

　B : _____

第12課 학교 정문 앞에서 만날까요?

> **学習項目**　I. -(으)니까（〜から、〜ので）
> 　　　　　　II. -(으)ㄹ까요?（〜ましょうか、〜でしょうか）
> 　　　　　　III. -아/어 보다（〜てみる）

―――(位置にかかわる単語)―――

위　　　**아래/밑**　　　**앞**　　　**뒤**
上　　　　下　　　　　前　　　　後ろ

　　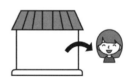　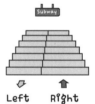

옆　　　**안/속**　　　**밖**　　　**오른쪽/왼쪽**
横、隣　　　中　　　　　外　　　　右・左

동(쪽)　　**서(쪽)**　　**남(쪽)**　　**북(쪽)**
東（側）　　西（側）　　南（側）　　北（側）

文法

Ⅰ．-(으)니까（〜から、〜ので）

用言の語幹に付いて、原因や理由を表します。勧誘や命令の文が続くことがあります。

（語幹末にパッチムなし）＋ 니까
　싸다 ⇒ 싸 ＋ 니까 ⇒ 싸니까　　　　　　　　　　　　　　　　　　　（安いから）

（語幹末にパッチムあり）＋ 으니까
　없다 ⇒ 없 ＋ 으니까 ⇒ 없으니까　　　　　　　　　　　　　　　　　（ないから）

（ㄹパッチムの語幹）− ㄹ ＋ 니까
　알다 ⇒ 아 ＋ 니까 ⇒ 아니까　　　　　　　　　　　　　　　　（知っているから）

보기（例）

싸니까 많이 사세요.　　　　　　　　　（安いからたくさん買ってください。）
우유가 없으니까 사러 갑시다.　　　　（牛乳がないから買いに行きましょう。）
제가 아니까 괜찮아요.　　　　　　　（私が知っているから大丈夫です。）

연습（練習）　次の文を韓国語に訳してみましょう！

① 見えないから座ってください。

_____

② 今日は忙しいから明日会いましょう。

_____

③ 店の中に人が多いから外で飲みましょう。

_____

④ 右にあるから、右を見てください。

_____

⑤ たくさん着るから大丈夫です。

_____

괜찮다（大丈夫だ、平気だ、構わない）、보이다（見える）、바쁘다（忙しい）、많이（たくさん）

文法

Ⅱ．-(으)ㄹ까요? (～ましょうか、～でしょうか)

　　用言の語幹に付きます。相手の意向や意見を聞いたり、勧めたりすることと、話し手の疑問を表します。

　　(語幹末にパッチムなし) ＋ **ㄹ까요?**
　　　타다 ⇒ 타 ＋ ㄹ까요? ⇒ 탈까요?　　　　　　　　　　　　　　　(乗りましょうか)

　　(語幹末にパッチムあり) ＋ **을까요?**
　　　먹다 ⇒ 먹 ＋ 을까요? ⇒ 먹을까요?　　　　　　　　　　　　　　(食べましょうか)

　　(ㄹパッチムの語幹) － ㄹ ＋ **ㄹ까요?**
　　　알다 ⇒ 아 ＋ ㄹ까요? ⇒ 알까요?　　　　　　　　　　　　　　　(知っているでしょうか)

보기(例)

　　다 같이 지하철을 탈까요?　　　　　　　　(皆一緒に地下鉄に乗りましょうか。)
　　무엇을 (뭘) 먹을까요?　　　　　　　　　(何を食べましょうか。)
　　오빠가 이 뉴스를 알까요?　　　　　　　　(兄がこのニュースを知っているでしょうか。)

연습(練習) (　　　　)の動詞と形容詞を-(으)ㄹ까요?に直し、文を書いてみましょう！

① 학교 앞에서 (만나다).

_____

② 교실 안에 학생이 (있다).

_____

③ 뒤에 (앉다).

_____

④ 이 선물은 좀 (비싸다).

_____

다 (皆、すべて)、뉴스 (ニュース)、교실 (教室)、좀〈조금의 축약형〉(少し、ちょっと、しばらく)

Ⅲ. -아/어 보다（〜てみる）

動詞に付きます。試したり、チャレンジしたりすることを表します。

（語幹末の母音が陽母音）＋ **아 보다**
타다 ⇒ 타 ＋ 아 보다 ⇒ 타 보다　　　　　　　　　　　　　　　（乗ってみる）

（語幹末の母音が陰母音）＋ **어 보다**
입다 ⇒ 입 ＋ 어 보다 ⇒ 입어 보다　　　　　　　　　　　　　　（着てみる）

하다 ⇒ 해 ＋ 보다 ⇒ 해 보다　　　　　　　　　　　　　　　　（してみる）

보기（例）

자전거를 타 보세요.　　　　　　　　　（自転車に乗ってみてください。）
지금 이 치마를 입어 보세요.　　　　　（今、このスカートをはいてみてください。）
손잡이를 아래로 해 보세요.　　　　　（取っ手を下にしてみてください。）

연습（練習） 次の動詞を-아/어 보세요に直し、日本語に訳してみましょう！

	-아/어 보세요	日本語訳
① 앉다	_____	_____
② 시작하다	_____	_____
③ 기다리다	_____	_____
④ 보내다	_____	_____
⑤ 외우다	_____	_____

지금（今）、손잡이（取っ手）、외우다（覚える）

윤하 : 내일 약속 있어요?
약속이 없으면 미술관에 같이 가요.
히로키 : 네, 좋아요. 오전에 수업이 있으니까,
12시에 학교 정문 앞에서 만날까요?
윤하 : 네, 웨이 씨한테도 연락해 봅시다.

약속 約束　미술관 美術館　정문 正門　연락[열락] 連絡

会話を訳してみましょう！

ユナ ：＿＿＿＿＿＿＿＿＿＿＿＿＿＿＿＿＿＿＿＿＿
ひろき：＿＿＿＿＿＿＿＿＿＿＿＿＿＿＿＿＿＿＿＿＿
ユナ ：＿＿＿＿＿＿＿＿＿＿＿＿＿＿＿＿＿＿＿＿＿

🎧 들어 봅시다! (聞いてみましょう！) ⬇50

① _____

② _____

③ _____

🎤 말해 봅시다! (話してみましょう！)

① A : 지금 옆에 누가 있어요?

　B : _____

② A : 방학에 뭘 해 보고 싶어요?

　B : _____

⟪⟪⟪ 流音化 ⟫⟫⟫

「ㄴ」は「ㄹ」の前か後ろで「ㄹ」に変わって発音されます。

　　ㄴ+ㄹ ⇒ ㄴ → ㄹ
　　ㄹ+ㄴ ⇒ ㄴ → ㄹ

　　연락[열락] (連絡)　　편리[펼리] (便利)
　　설날[설랄] (正月)　　신라[실라] (新羅)

第13課 생각보다 안 매워요.

>>> 学習項目　　Ⅰ．-겠다（意向、推測）
　　　　　　　Ⅱ．ㅂ不規則
　　　　　　　Ⅲ．-아/어도（〜しても、〜くても）

── 形容詞Ⅲとメニュー ──

달다　　　맵다　　　시다　　　쓰다　　　짜다
甘い　　　辛い　　　すっぱい　苦い　　　塩辛い

가격(価格)

돼지갈비(豚カルビ) ················· (일 인분) 12,000원

떡볶이(トッポッキ) ················· 5,000원

미역국(わかめスープ) ················· 5,000원

불고기(プルゴギ) ················· (일 인분) 15,000원

비빔밥(ビビンバ) ················· 8,000원

삼계탕(サムゲタン) ················· 15,000원

짜장면(ジャージャー麺) ················· 5,000원

文法

Ⅰ．-겠다（意向、推測）

用言の語幹に付きます。主語が一人称と二人称の疑問文の場合は意志を、三人称や形容詞の場合は推測を表します。そして、文脈によって丁寧さを表すこともあります。

(語幹末にパッチムなし・あり) ＋ **겠다**

　　意向　전화하다 ⇒ 전화하 + 겠다 ⇒ 전화하겠다　　　　　　　　（電話する）
　　推測　재미있다 ⇒ 재미있 + 겠다 ⇒ 재미있겠다　　　　　　　　（おもしろそうだ）

보기(例)

　내일 전화하겠어요.　　　　　　　　　　　　　　　　　（明日、電話します。）
　이 책은 재미있겠어요.　　　　　　　　　　　　　　　（この本はおもしろそうです。）

연습(練習) 次の動詞と形容詞を-겠어요に直してみましょう！

① 作ります。　　⇒ _____

② 終えます。　　⇒ _____

③ 塩辛そうです。⇒ _____

④ 降りそうです。⇒ _____

⑤ 甘そうです。　⇒ _____

전화 (電話)、끝내다 (終える)

文法

Ⅱ. ㅂ不規則

　-아/어と으で始まる語尾の前で、語幹末の「ㅂ」パッチムが우に変わります。곱다、돕다は -아/어の前で、오に変わります。

　　語幹末のㅂパッチム + 아/어, 으 ⇒ ㅂ → 우
　　　맵다 ⇒ 맵 + 어 → 매우 + 어 ⇒ 매워요　　　　　　　　　　　　（辛いです）
　　　귀엽다 ⇒ 귀엽 + 으 → 귀여우 ⇒ 귀여우니까　　　　　　　　　（かわいいから）

　*곱다、돕다の場合：語幹末のㅂパッチム + 아/어 ⇒ ㅂ → 오
　　　돕다 ⇒ 돕 + 아 → 도오 + 아 ⇒ 도와요　　　　　　　　　　　　（手伝います）

> ❖ ㅂ不規則用言 ❖
> 　가깝다（近い）　　　　　고맙다（ありがたい）
> 　*곱다（きれいだ、美しい）　귀엽다（かわいい）
> 　덥다（暑い）　　　　　　*돕다（手伝う、助ける）
> 　무겁다（重い）　　　　　반갑다（〈人と会って〉うれしい）
> 　쉽다（易しい）　　　　　춥다（寒い）
> 　어렵다（難しい）

　※ 입다（着る）、좁다（狭い）は規則活用をします。

보기（例）

　이 비빔밥은 <u>매워요</u>.　　　　　　　　　　　　（このビビンパは辛いです。）
　어머니를 <u>도와요</u>.　　　　　　　　　　　　　　（母を手伝います。）

연습（練習）　次の文を韓国語に訳してみましょう！

① 暑くて窓を開けました。
_____

② 私のカバンは重いです。
_____

③ 友達に会ってうれしかったです。
_____

④ 試験は易しかったです。
_____

Ⅲ. -아/어도 (〜しても、〜ても、〜くても)

用言に付いて、仮定や譲歩を表します。

(語幹末の母音が陽母音) + **아도**
닫다 ⇒ 닫 + 아도 ⇒ 닫아도 　　　　　　　　　　　　　　　　　　(閉めても)

(語幹末の母音が陰母音) + **어도**
춥다 ⇒ 추우 + 어도 ⇒ 추워도 (ㅂ不規則) 　　　　　　　　　　　　(寒くても)

보기(例)

창문을 닫아도 추워요. 　　　　　　　　　　　　　　　(窓を閉めても寒いです。)
추워도 밖에서 놀아요. 　　　　　　　　　　　　　　　(寒くても外で遊びます。)

연습(練習)　次の文を韓国語に訳してみましょう！

① 雨が降っても行きます (-겠다を使う)。
_____

② エアコンを付けても暑いです。
_____

③ 重くても大丈夫です。
_____

④ すっぱくてもよく食べます。
_____

⑤ 近くてもバスで行きましょう。
_____

에어컨 (エアコン)、켜다 (付ける)、잘 (よく、上手に)

会話

(윤하는 요리 중)

웨이　：떡볶이 만들어요? 맛있겠다!
　　　　그렇지만 맵겠어요.

윤하　：생각보다 안 매워요. 먹어 보세요.

히로키：저는 떡볶이를 아주 좋아해요.
　　　　매워도 잘 먹어요.

윤하　：다 됐어요. 많이 드세요.

중　中
그렇지만　でも、しかしながら、だが
생각보다　思ったより
아주　とても
다 되다　出来上がる、終わる

会話を訳してみましょう！

(　　　　　　　)

ウェイ：＿＿＿＿＿＿＿＿＿＿＿＿＿＿＿＿＿＿＿＿＿＿＿＿＿＿＿＿＿＿

ユナ　：＿＿＿＿＿＿＿＿＿＿＿＿＿＿＿＿＿＿＿＿＿＿＿＿＿＿＿＿＿＿

ひろき：＿＿＿＿＿＿＿＿＿＿＿＿＿＿＿＿＿＿＿＿＿＿＿＿＿＿＿＿＿＿

ユナ　：＿＿＿＿＿＿＿＿＿＿＿＿＿＿＿＿＿＿＿＿＿＿＿＿＿＿＿＿＿＿

🎧 들어 봅시다! (聞いてみましょう!)

① _____

② _____

③ _____

🎤 말해 봅시다! (話してみましょう!)

① A : 한국 요리를 만들어 봤어요?

　　B : _____

② A : 음식이 매워도 잘 먹어요?

　　B : _____

≪≪≪ 程度をあらわす副詞 ≫≫≫

아주/매우	(とても)
너무	(とても、あまりにも〈基本的には否定的な意味〉)
꽤	(かなり)
별로	(あまり〈否定形が続く〉)

第13課 생각보다 안 매워요.

第14課 컴퓨터를 쓸 수 있어요.

> **学習項目**
> Ⅰ．−(으)ㄹ 수 있다 / 없다（〜することができる / できない）
> Ⅱ．−기 전에（〜する前に）
> Ⅲ．ㄷ不規則

動詞・形容詞 Ⅳ

가볍다
軽い

걸다
かける

넣다
入れる

늦다
遅れる、遅い

돌아오다
帰ってくる

따뜻하다
暖かい

말하다
話す

멋있다
すてきだ、かっこういい

바꾸다
変える、替える

시키다
させる、注文する

싫다
嫌いだ、いやだ

젊다
若い

文法

Ⅰ. -(으)ㄹ 수 있다/없다 (～することができる/できない)

動詞の語幹に付いて、能力や可能性の有無を表します。

(語幹末にパッチムなし) + ㄹ 수 있다 / 없다
　돌아오다 ⇒ 돌아오 + ㄹ 수 있다 ⇒ 돌아올 수 있다 / 없다
　　　　　　　　　　　　　　　　　(帰ってくることができる / できない)

(語幹末にパッチムあり) + 을 수 있다 / 없다
　넣다 ⇒ 넣 + 을 수 있다 ⇒ 넣을 수 있다 / 없다
　　　　　　　　　　　　　　　　　(入れることができる / できない)

(ㄹパッチムの語幹) － ㄹ + ㄹ 수 있다 / 없다
　만들다 ⇒ 만드 + ㄹ 수 있다 ⇒ 만들 수 있다 / 없다
　　　　　　　　　　　　　　　　　(作ることができる / できない)

보기 (例)

7시까지 돌아올 수 있어요?　　　　　(7時までに帰ってくることができますか。)
책을 가방 안에 넣을 수 없어요.　　　(本をカバンの中に入れることができません。)
한국 요리를 만들 수 없습니다.　　　 (韓国料理を作ることができません。)

연습 (練習)　次の文を韓国語に訳してみましょう！

① ここでお金を替えることができます。
　_____

② 韓国語で食べ物を注文することができます。
　_____

③ 電話をかけることができません。
　_____

④ 中国語を話すことができません。
　_____

중국어 (中国語)

文法

II. -기 전에 （〜する前に）

動詞の語幹に付きます。ある行為や状態が時間的に前に行われること表します。

（語幹末にパッチムなし・あり）＋ **기 전에**

　　건너다 ⇒ 건너 ＋ 기 전에 ⇒ 건너기 전에　　　　　　　　　　　　（渡る前に）
　　앉다 ⇒ 앉 ＋ 기 전에 ⇒ 앉기 전에　　　　　　　　　　　　　　（座る前に）

보기（例）

　길을 건너기 전에 옆을 잘 보세요.　　　　　（道を渡る前に横をよく見てください。）
　앉기 전에 인사하세요.　　　　　　　　　　　（座る前にあいさつしてください。）

연습（練習）　次の文を韓国語に訳してみましょう！

① 寝る前に顔を洗ってください。
_____

② 授業が終わる前にレポートを終えなければなりません。
_____

③ 行く前に電話をかけます (-겠다を使う)。
_____

④ 遅れる前に帰ってきてください。
_____

⑤ 書く前に話してみましょう。
_____

건너다 (渡る)、길 (道)、인사하다 (あいさつする)、리포트 (レポート)

Ⅲ. ㄷ不規則

-아/어と으で始まる語尾の前で、語幹末の「ㄷ」パッチムが「ㄹ」に変わります。

語幹末のㄷパッチム + 아/어, 으 ⇒ ㄷ → ㄹ
  묻다 ⇒ 묻 + 어 → 물 + 어요 ⇒ 물어요　　　　　　　　　　　（聞きます）
  걷다 ⇒ 걷 + 으 → 걸 + 읍시다 ⇒ 걸읍시다　　　　　　　　（歩きましょう）

> ❖ ㄷ不規則用言 ❖
>   걷다（歩く）　　듣다（聞く、聴く）　　묻다（尋ねる、聞く）

※ 닫다、받다などは規則活用をします。

보기(例)

친구한테 물어 봤어요.　　　　　　　　　　　　　　（友達に聞いてみました。）
공원을 같이 걸읍시다.　　　　　　　　　　　　　　（公園を一緒に歩きましょう。）

연습(練習) 次の文を韓国語に訳してみましょう！

① 学校まで歩かなければなりません。
_____

② 尋ねてみます (-겠다を使う)。
_____

③ この靴はたくさん歩いても疲れません。
_____

④ よく聞いてみてください。
_____

⑤ 音楽を聴いてみましょうか。
_____

피곤하다（疲れる）

会話 55

히로키 : 수업 끝났어요? 그런데 무슨 걱정 있어요?

웨이 : 네, 컴퓨터가 고장나서 숙제를 못해요.

히로키 : 정보 센터에서 컴퓨터를 쓸 수 있어요.
　　　　문을 닫기 전에 먼저 물어 보세요.

웨이 : 네, 고마워요.

그런데 ところで　　걱정 心配ごと、心配　　고장나다 故障する、壊れる
정보 情報　　센터 センター　　쓰다 使う　　먼저 先に、まず

会話を訳してみましょう！

ひろき：＿＿＿＿＿＿＿＿＿＿＿＿＿＿＿＿＿＿＿＿＿＿＿＿＿＿

ウェイ：＿＿＿＿＿＿＿＿＿＿＿＿＿＿＿＿＿＿＿＿＿＿＿＿＿＿

ひろき：＿＿＿＿＿＿＿＿＿＿＿＿＿＿＿＿＿＿＿＿＿＿＿＿＿＿

ウェイ：＿＿＿＿＿＿＿＿＿＿＿＿＿＿＿＿＿＿＿＿＿＿＿＿＿＿

🎧 들어 봅시다! (聞いてみましょう！)   ⬇56

① _____

② _____

③ _____

🎤 말해 봅시다! (話してみましょう！)

① A : 한국어로 전화를 걸 수 있어요?

　　B : _____

② A : 졸업하기 전에 뭐 하고 싶어요?

　　B : _____

―――《《《 頻度を表す副詞 》》》―――

늘/항상	(常に、いつも)
자주	(しょっちゅう、しばしば)
가끔/종종	(たまに、ときどき、時たま)

第14課 컴퓨터를 쓸 수 있어요.

第15課 주말에 바빠요?

>>> 学習項目
I. 으不規則
II. -아/어도 되다 (〜してもいい、〜くてもいい)
III. -지 마세요 (〜しないでください)

― 場所 ―

공원
公園

미용실
美容室

박물관
博物館

백화점
[배콰점]
デパート

빵집
パン屋

영화관
映画館

우체국
郵便局

은행
銀行

카페
カフェ

편의점
[펴니점]
コンビニ

호텔
ホテル

화장실
トイレ

文法

Ⅰ. 으不規則

−아/어で始まる語尾の前で語幹末の母音「ㅡ」が脱落し、残った子音に母音「ㅏ、ㅓ」が結合します。

語幹末の母音のㅡが脱落 + [（으の前の文字が陽母音）⇒ ㅏ
（으の前の文字が陽母音以外）⇒ ㅓ]

아프다 ⇒ 아프 + 아 → 아ㅍ + ㅏ ⇒ 아파요　　　　　　　　　　（痛いです）
쓰다 ⇒ 쓰 + 어 → ㅆ + ㅓ ⇒ 써서　　　　　　　　　　　　　（書いて、苦くて）

> ❖ 으不規則用言 ❖
> (배가) 고프다 (〈お腹が〉すく)　　　　　　　　　나쁘다 (悪い)
> 모으다 (集める)　　　　바쁘다 (忙しい)　　　　아프다 (痛い)
> 예쁘다 (きれいだ)　　　쓰다 (書く、苦い)　　　크다 (大きい)

보기（例）

너무 많이 먹어서 배가 아파요.　　　　　　　　（食べすぎでお腹が痛いです。）
이 약은 너무 써서 싫어요.　　　　　　　　　　（この薬は苦すぎて嫌いです。）

연습（練習）　次の文を−아/어요, 아/어서を使って韓国語に訳してみましょう！

① 忙しくて郵便局に行けませんでした。
___

② この銀行はとても大きいです。
___

③ あのカバンはきれいです。
___

④ お腹が空いてご飯を食べに行きます。
___

⑤ 韓国語で書いてみてください。
___

第15課 주말에 바빠요?

文法 ────────────

Ⅱ. -아/어도 되다 （〜してもいい、〜くてもいい）

用言に付いて、許諾や許容を表します。

（語幹末の母音が陽母音）＋ **아도 되다**
타다 ⇒ 타 ＋ 아도 되다 ⇒ 타도 되다　　　　　　　　　　　　　　（乗ってもいい）

（語幹末の母音が陰母音）＋ **어도 되다**
적다 ⇒ 적 ＋ 어도 되다 ⇒ 적어도 되다　　　　　　　　　　　　（少なくてもいい）

보기(例)

이 차를 타도 돼요.　　　　　　　　　　　　　　　（この車に乗ってもいいです。）
돈이 적어도 돼요?　　　　　　　　　　　　　（お金が少なくてもいいですか。）

연습(練習) (　　　)の動詞を아/어도 돼요に直し、日本語で訳しましょう!

① 창문을 (열다).　　⇒ _____

② 여기에서 음악을 (듣다).　⇒ _____

③ 설탕을 (넣다)?　　⇒ _____

④ 편의점에서 잡지를 (읽다)?　⇒ _____

⑤ 화장실에 (가다)?　　⇒ _____

적다 (少ない)、차 (車)、설탕 (砂糖)、잡지 (雑誌)

Ⅲ. -지 마세요（～しないでください）

動詞の語幹に付きます。ある行為を禁止、承認しないことを表します。마세요の基本形は、말다です。

（語幹末にパッチムなし・あり）＋ **지 마세요**
　가다 ⇒ 가 + 지 마세요 ⇒ 가지 마세요　　　　　（行かないでください）
　신다 ⇒ 신 + 지 마세요 ⇒ 신지 마세요　　　　　（履かないでください）

보기（例）

저기에는 가지 마세요.　　　　　　　　　　（あそこには行かないでください。）
방에서는 구두를 신지 마세요.　　　　　　　（部屋では靴を履かないでください。）

연습（練習）　次の文を韓国語に訳してみましょう！

① 公園でお酒を飲まないでください。
_____

② 話せばいいので、心配しないでください。
_____

③ この牛乳は飲まないでください。
_____

④ 博物館の中では写真を撮らないでください。
_____

⑤ 映画館の中では話さないでください。
_____

신다（履く）、방（部屋）、사진（写真）、찍다（撮る）

会話

히로키 : 주말에 바빠요?

윤하 : 별로 안 바빠요.

　　　　토요일에 미용실에 갈 거예요. 왜요?

히로키 : 콘서트 티켓이 두 장 있어요. 같이 갈까요?

윤하 : 네, 좋아요. 미용실은 다음 주에 가도 돼요.

히로키 : 무리는 하지 마세요.

-(이)요?　～ですか　　콘서트　コンサート　　티켓　チケット　　무리　無理

会話を訳してみましょう！

ひろき：＿＿＿＿＿＿＿＿＿＿＿＿＿＿＿＿＿＿＿＿＿＿＿

ユナ　：＿＿＿＿＿＿＿＿＿＿＿＿＿＿＿＿＿＿＿＿＿＿＿

ひろき：＿＿＿＿＿＿＿＿＿＿＿＿＿＿＿＿＿＿＿＿＿＿＿

ユナ　：＿＿＿＿＿＿＿＿＿＿＿＿＿＿＿＿＿＿＿＿＿＿＿

ひろき：＿＿＿＿＿＿＿＿＿＿＿＿＿＿＿＿＿＿＿＿＿＿＿

🎧 들어 봅시다! (聞いてみましょう!)

① _____

② _____

③ _____

🎤 말해 봅시다! (話してみましょう!)

① A : 이번 주말에 바빠요?

　B : _____

② A : 친구가 약속에 얼마나 늦어도 돼요?

　B : _____

第16課 배달이 빨라서 편리해요.

> **学習項目**
> Ⅰ．-고 있다（〜している）
> Ⅱ．르不規則
> Ⅲ．-지만（〜けど、〜が）

― 交通 ―

공항
空港

기차
汽車、列車

배
船

버스
バス

비행기
飛行機

신호등
信号機

역
駅

자전거
自転車

정류장
停留場

전철/지하철
電車/地下鉄

차
車

택시
タクシー

Ⅰ. -고 있다（〜している）

動詞の語幹に付いて、動作の進行を表します。

（語幹末にパッチムなし・あり）＋ **고 있다**

 공부하다 ⇒ 공부하 ＋ 고 있다 ⇒ 공부하고 있다   （勉強している）
 기다리다 ⇒ 기다리 ＋ 고 있다 ⇒ 기다리고 있다   （待っている）

보기（例）

요즘 한국어를 공부하고 있어요.   （この頃、韓国語を勉強しています。）
역에서 지하철을 기다리고 있어요.   （駅で地下鉄を待っています。）

연습（練習）　次の文を韓国語に訳してみましょう！

① 雨が降っています。
_____

② デパートでショッピングをしています。
_____

③ コンビニでアルバイトをしています。
_____

④ この頃、ピアノを習っています。
_____

⑤ サムゲタンを作っています。
_____

요즘 (この頃)、피아노 (ピアノ)

文法

Ⅱ. 르不規則

-아/어で始まる語尾の前で語幹末の르が「ㄹ라」、「ㄹ러」に変わります。

르の前の文字が陽母音の場合、르 + 아 ⇒ 르 → ㄹ라
　　　　　　　　　陰母音の場合、르 + 어 ⇒ 르 → ㄹ러
다르다 ⇒ 다르 + 아 → 다 + ㄹ라 ⇒ 달라요　　　　　　　　（異なります）
부르다 ⇒ 부르 + 어 → 부 + ㄹ러 ⇒ 불러요
　　　　　　　　　　　　　　　（歌います、呼びます、〈お腹が〉いっぱいです）

❖ **르不規則用言** ❖

기르다 (飼う)	다르다 (異なる)	모르다 (知らない、わからない)
부르다 (歌う、呼ぶ、〈お腹が〉いっぱいだ)		빠르다 (速い)
오르다 (登る)	자르다 (切る)	흐르다 (流れる)

※ 따르다 (追う・従う)、들르다 (立ち寄る) は으不規則活用をします。

보기（例）

중국 한자와 일본 한자는 달라요.　　　（中国の漢字と日本の漢字は異なります。）
많이 먹어서 배가 불러요.　　　　　　（たくさん食べたのでお腹がいっぱいです。）

연습（練習）　次の文を韓国語に訳してみましょう！

① 昨日、カラオケで歌を歌いました。

_____

② 説明書を読んでもわかりません。

_____

③ ソウルには漢江が流れます。

_____

④ 列車より飛行機が速いです。

_____

한자 (漢字)、노래방 (カラオケ)、노래 (歌)、설명서 (説明書)、보다 (〜より)

Ⅲ. -지만（～けど、～が）

用言の語幹に付いて、前節と後節の内容が相反することを表します。

（語幹末にパッチムなし・あり） ＋ **지만**
　　좋아하다 ⇒ 좋아하 ＋ 지만 ⇒ 좋아하지만　　　　　　　　　　　　　　（好きだけど）

（過去形） ＋ **지만**
　　배웠다 ⇒ 배웠 ＋ 지만 ⇒ 배웠지만　　　　　　　　　　　　　　　　　（習ったけど）

보기（例）

케이크를 <u>좋아하지만</u> 다이어트를 해서 못 먹어요.
　　　　　　　　（ケーキが好きですが、ダイエットをしているので食べられません。）
영어를 <u>배웠지만</u> 잘 못해요.　　　　　　　　（英語を習ったけど、よくできません。）

연습（練習）　次の文を韓国語に訳してみましょう！

① 日本と韓国は近いけど、家から空港が遠いです。
　_____

② 旅行をしたいですが、お金がありません。
　_____

③ タクシーに乗りましたが、遅れました。
　_____

④ 先生にメールを送ったけど、返事がありません。
　_____

⑤ 停留場で待ちましたが、バスが来ませんでした。
　_____

케이크 (ケーキ)、다이어트 (ダイエット)、멀다 (遠い)、메일 (メール)、답장 (返事、返信)

会話

히로키 : 웨이 씨, 뭐 하고 있어요?

웨이　 : 인터넷으로 옷을 사고 있어요.

히로키 : 인터넷 쇼핑을 자주 이용해요?

웨이　 : 네. 배달이 빨라서 편리해요.

히로키 : 인터넷 쇼핑은 편리하지만 좀 불안해요.

인터넷　インターネット　　이용　利用　　배달　配達　　편리하다　便利だ
좀〈조금の縮約形〉少し、ちょっと、しばらく　　불안하다　不安だ

会話を訳してみましょう！

ひろき：＿＿＿＿＿＿＿＿＿＿＿＿＿＿＿＿＿＿＿＿＿＿＿＿＿＿＿＿

ウェイ：＿＿＿＿＿＿＿＿＿＿＿＿＿＿＿＿＿＿＿＿＿＿＿＿＿＿＿＿

ひろき：＿＿＿＿＿＿＿＿＿＿＿＿＿＿＿＿＿＿＿＿＿＿＿＿＿＿＿＿

ウェイ：＿＿＿＿＿＿＿＿＿＿＿＿＿＿＿＿＿＿＿＿＿＿＿＿＿＿＿＿

ひろき：＿＿＿＿＿＿＿＿＿＿＿＿＿＿＿＿＿＿＿＿＿＿＿＿＿＿＿＿

🎧 들어 봅시다! (聞いてみましょう!) 　　　　　　　　⬇62

① _____

② _____

③ _____

🎤 말해 봅시다! (話してみましょう!)

① A : 지금 뭐 하고 있어요?

　　B : _____

② A : 인터넷 쇼핑을 자주 이용해요?

　　B : _____

《《《 接続詞 》》》

그래서 (それで、そこで)　　　　그러나 (しかし)

그런데 (ところで)　　　　　　 그러면/그럼 (それでは)

그렇지만 (でも、しかしながら、だが)　　그리고 (そして)

第17課 한국의 가을 하늘은 어때요?

>>> **学習項目**　I. ㅎ不規則
　　　　　　　　II. -기 때문에（～から）
　　　　　　　　III. -지요?〈-죠?〉（～ですよね、～ますよね）

季節と自然

봄
春

여름
夏

가을
秋

겨울
冬

강
川、江

구름
雲

눈
雪

바다
海

바람
風

비
雨

산
山

하늘
空

Ⅰ. ㅎ不規則

a. −아/어で始まる語尾の前で語幹末の「ㅎ」パッチムが落ち、「ㅏ・ㅓ」は「ㅐ」に、「ㅑ」は「ㅒ」に変わります。

語幹末のㅎパッチム ＋ 아/어 ⇒ ① ㅎ脱落
　　　　　　　　　　　　　　② ㅏ/ㅓ → ㅐ、ㅑ → ㅒ

노랗다 ⇒ 노랗 ＋ 아 → 노라 → ㅐ ⇒ 노래요　　　　　　　（黄色いです）
하얗다 ⇒ 하얗 ＋ 아 → 하야 → ㅒ ⇒ 하얘요　　　　　　　（白いです）

b. 으で始まる語尾の前で「ㅎ」パッチムと語尾の으が落ちます。

어떻다 ⇒ 어떻 ＋ (으)ㄹ까요? ⇒ 어떠 ＋ ㄹ까요? ⇒ 어떨까요?（どうでしょうか）

> ❖ ㅎ不規則用言 ❖
>
> | 그렇다 (そうだ) | 까맣다 (黒い) | 노랗다 (黄色い) |
> | 빨갛다 (赤い) | 어떻다 (どうだ) | 이렇다 (こうだ) |
> | 저렇다 (ああだ) | 파랗다 (青い) | 하얗다 (白い) |

※ 넣다、놓다（置く）などの動詞と좋다は規則活用をします。

보기（例）

유치원생 모자는 <u>노래요</u>.　　　　　　　　（幼稚園児の帽子は黄色いです。）
눈이 <u>하얘요</u>.　　　　　　　　　　　　　　　　（雪が白いです。）
이것은 <u>어떨까요</u>?　　　　　　　　　　　　（これはどうでしょうか。）

연습（練習） 次の文を韓国語に訳してみましょう！

① 黒いです。　⇒ ＿＿＿＿＿＿＿＿＿＿＿＿＿＿＿

② どうですか。 ⇒ ＿＿＿＿＿＿＿＿＿＿＿＿＿＿＿

③ そうです。　⇒ ＿＿＿＿＿＿＿＿＿＿＿＿＿＿＿

④ 赤いです。　⇒ ＿＿＿＿＿＿＿＿＿＿＿＿＿＿＿

⑤ ああです。　⇒ ＿＿＿＿＿＿＿＿＿＿＿＿＿＿＿

文法

II. −기 때문에（〜から）

用言の語幹に付いて、原因や理由を表します。

（語幹末にパッチムなし・あり）＋ **기 때문에**

 오다 ⇒ 오 ＋ 기 때문에 ⇒ 오기 때문에 　　　　　　　　　　　　（来るから）

 없다 ⇒ 없 ＋ 기 때문에 ⇒ 없기 때문에 　　　　　　　（ないから、いないから）

（過去形）＋ **기 때문에**

 왔다 ⇒ 왔 ＋ 기 때문에 ⇒ 왔기 때문에 　　　　　　　　　　　　（来たから）

보기（例）

손님이 오시기 때문에 청소를 해야 해요.
　　　　　　　（お客さんがいらっしゃるから、掃除しなければなりません。）
공책이 없기 때문에 사야 해요.　　　（ノートがないから、買わなければなりません。）
형이 왔기 때문에 못 나가요.　　　（兄が来たから、出かけることができません。）

연습（練習） 次の文を韓国語に訳してみましょう！

① 雪がたくさん降ったから、今日の授業はありません。

___

② コーヒーがないから、買いに行きます。

___

③ 夏は暑いから、エアコンが必要です。

___

④ パンが好きだから、しょっちゅう買いに行きます。

___

⑤ 電車が速いから電車で行きます。

___

손님（お客さん）、청소（掃除）、빵（パン）

Ⅲ. -지요?〈-죠?〉(〜ですよね、〜ますよね)

用言の語幹に付きます。知っていることを前提として質問したり、確認したりすることを表します。

(語幹末にパッチムなし・あり) + **지요?**〈-죠?〉
 비싸다 ⇒ 비싸 + 지요? ⇒ 비싸지요? (비싸죠?)   (高いですよね)
 돌아오다 ⇒ 돌아오 + 지요? ⇒ 돌아오지요? (돌아오죠?) (帰ってきますよね)

(過去形) + **지요?**〈-죠?〉
 추웠다 ⇒ 추웠 + 지요? ⇒ 추웠지요? (추웠죠?)   (寒かったですよね)

보기(例)

백화점은 비싸죠?   (デパートは高いですよね。)
저녁에 돌아오죠?   (夕方に帰ってきますよね。)
작년 겨울은 추웠죠?   (昨年の冬は寒かったですよね。)

연습(練習) 次の文を韓国語に訳してみましょう！

① 今日は天気がいいですよね。

___

② 今度の秋に家族と旅行しますよね。

___

③ 昨日はとても暑かったですよね。

___

④ 富士山は高いですよね。

___

⑤ 日本の6月は雨がたくさん降りますよね。

___

날씨 (天気)、가족 (家族)、후지산 (富士山)

会話

히로키 : 한국의 가을 하늘은 어때요?

윤하 : 하늘이 높고 파랗기 때문에 천고마비의 계절이라고 해요.

일본의 가을 하늘도 높고 파랗지요?

히로키 : 네, 그래요.

천고마비 　天高馬肥（天高く馬肥える）　　계절 　季節

会話を訳してみましょう！

ひろき : ＿＿＿＿＿＿＿＿＿＿＿＿＿＿＿＿＿＿＿＿＿＿

ユナ　 : ＿＿＿＿＿＿＿＿＿＿＿＿＿＿＿＿＿＿＿＿＿＿

＿＿＿＿＿＿＿＿＿＿＿＿＿＿＿＿＿＿＿＿＿＿＿＿

ひろき : ＿＿＿＿＿＿＿＿＿＿＿＿＿＿＿＿＿＿＿＿＿＿

들어 봅시다! (聞いてみましょう!) 🎧 ⬇65

① _____

② _____

③ _____

말해 봅시다! (話してみましょう!)

① A : 일본의 가을 하늘은 어때요?

  B : _____

② A : 도쿄의 여름은 덥죠?

  B : _____

⟪⟪⟪ 색깔 (色) ⟫⟫⟫

갈색 (茶色)	검은색 (黒色)	노란색 (黄色)
녹색 (緑色)	보라색 (紫色)	분홍색 (ピンク色)
빨간색 (赤色)	연두색 (黄緑色)	주황색 (だいだい色)
파란색 (青色)	하늘색 (空色)	하얀색 (白色)

第18課 좋아하는 작가는 누구예요?

>>> **学習項目**
I. 動詞の現在連体形
II. 形容詞の現在連体形
III. -(으)ㄹ게요（〜しますよ、〜しますからね）

― 趣味 ―

게임
ゲーム

그림 그리기
絵を描くこと

댄스
ダンス

독서
読書

등산
登山

사진 찍기
写真を撮ること

스포츠
スポーツ

여행
旅行

영화 감상
映画鑑賞

요가
ヨガ

요리
料理

음악 감상
音楽鑑賞

Ⅰ. 動詞の現在連体形

名詞を修飾して、出来事や動作が現在起きていることを表します。存在詞있다と없다も動詞と同じく活用します。

(語幹末にパッチムなし・あり) ＋ 는 名詞
　배우다 ⇒ 배우 ＋ 는 ⇒ 배우는 사람　　　　　　　　　　　　　　　　(習う人)
　있다 ⇒ 있 ＋ 는 ⇒ 있는 가방　　　　　　　　　　　　　　　　　　　(あるカバン)

(ㄹパッチムの語幹) － ㄹ ＋ 는 名詞
　살다 ⇒ 사 ＋ 는 ⇒ 사는 사람　　　　　　　　　　　　　　　　　　　(住んでいる人)

보기(例)

요가를 배우는 사람이 많아요.　　　　　　(ヨガを習う人が多いです。)
저기에 있는 가방은 누구 거예요?　　　　(あそこにあるカバンはだれのものですか。)
저 집에 사는 사람을 알아요?　　　　　　(あの家に住んでいる人を知っていますか。)

연습(練習)　次の動詞を現在連体形に直し、日本語に訳してみましょう！

	現在連体形	日本語訳
① 가다, 병원 ⇒	_____	_____
② 읽다, 책 ⇒	_____	_____
③ 좋아하다, 영화 ⇒	_____	_____
④ 나오다, 사람 ⇒	_____	_____
⑤ 전화를 걸다, 시간 ⇒	_____	_____

거 (〈것の縮約形〉もの、こと)

文法

Ⅱ. 形容詞の現在連体形

名詞を修飾し、その様子や状態を表します。指定詞이다と -가/이 아니다も形容詞と同じく活用します。

　　(語幹末にパッチムなし) ＋ ㄴ 名詞
　　　예쁘다 ⇒ 예쁘 ＋ ㄴ ⇒ 예쁜 가방　　　　　　　　　　　　　　　(きれいなカバン)

　　(語幹末にパッチムあり) ＋ 은 名詞
　　　덥다 ⇒ 덥 ＋ 은 → 더우 ＋ ㄴ ⇒ 더운 여름 (ㅂ不規則)　　　　　(暑い夏)

　　(ㄹパッチムの語幹) － ㄹ ＋ ㄴ 名詞
　　　달다 ⇒ 다 ＋ ㄴ ⇒ 단 커피　　　　　　　　　　　　　　　　　　(甘いコーヒー)

　◎ 있다、없다がつく形容詞は、動詞と同じく있는、없는になります。
　　　맛있다 ⇒ 맛있 ＋ 는 ⇒ 맛있는 요리　　　　　　　　　　　　　　(おいしい料理)

📜 보기(例)

　　예쁜 가방을 사는 학생　　　　　　　　　　　(きれいなカバンを買う学生)
　　더운 여름에 먹는 삼계탕　　　　　　　　　　(暑い夏に食べるサムゲタン)
　　단 커피를 좋아하는 친구　　　　　　　　　　(甘いコーヒーが好きな友達)

📜 연습(練習)　次の形容詞を現在連体形に直し、日本語に訳してみましょう！

　　　　　　　　　　　　　現在連体形　　　　　　　　　日本語訳

　① 많다, 책　　　⇒ ＿＿＿＿＿＿＿＿＿＿　　＿＿＿＿＿＿＿＿＿＿

　② 바쁘다, 주말　⇒ ＿＿＿＿＿＿＿＿＿＿　　＿＿＿＿＿＿＿＿＿＿

　③ 멀다, 빵집　　⇒ ＿＿＿＿＿＿＿＿＿＿　　＿＿＿＿＿＿＿＿＿＿

　④ 재미없다, 영화 ⇒ ＿＿＿＿＿＿＿＿＿＿　　＿＿＿＿＿＿＿＿＿＿

　⑤ 교사이다, 사람 ⇒ ＿＿＿＿＿＿＿＿＿＿　　＿＿＿＿＿＿＿＿＿＿

Ⅲ. -(으)ㄹ게요 (〜しますよ、〜しますからね)

動詞の語幹に付いて、話し手の意思や約束を表します。

(語幹末にパッチムなし) + **ㄹ게요**
 기다리다 ⇒ 기다리 + ㄹ게요 ⇒ 기다릴게요　　　　　　　　　　　　　(待ちますよ)

(語幹末にパッチムあり) + **을게요**
 먹다 ⇒ 먹 + 을게요 ⇒ 먹을게요　　　　　　　　　　　　　　　　(食べますよ)

(ㄹパッチムの語幹) － ㄹ + **ㄹ게요**
 만들다 ⇒ 만드 + ㄹ게요 ⇒ 만들게요　　　　　　　　　　　　　　(作りますよ)

보기(例)

오늘 도서관에서 기다릴게요.　　　　　　　　(今日、図書館で待ちますよ。)
내일은 꼭 같이 저녁을 먹을게요.　　　(明日は必ず一緒に夕飯を食べますからね。)
제가 케이크를 만들게요.　　　　　　　　　　(私がケーキを作りますよ。)

연습(練習) 次の文を-(으)ㄹ게요を使って韓国語に訳してみましょう！

① 明日の5時に出発しますよ。

_____

② 先生にメールを送りますよ。

_____

③ 今日はゲームをしませんからね。

_____

④ 来週の月曜日、12時のバスに乗りますからね。

_____

⑤ コーヒーを飲みますよ。

_____

꼭 (必ず)、출발 (出発)

会話

히로키 : 윤하 씨는 어떤 소설을 좋아해요?

윤하 　: 저는 일본 추리 소설을 좋아해요.

히로키 : 윤하 씨가 좋아하는 작가는 누구예요?

윤하 　: 미야베 미유키예요.

　　　　한국에서도 유명한 작가예요.

히로키 : 그래요? 저도 읽어 볼게요.

소설　小説 (소설가 小説家)　　추리　推理　　유명하다　有名だ

会話を訳してみましょう！

ひろき：_____

ユナ　：_____

ひろき：_____

ユナ　：_____

ひろき：_____

🎧 들어 봅시다! (聞いてみましょう!) 　　　　　　　　⬇68

① _____

② _____

③ _____

🎤 말해 봅시다! (話してみましょう!)

① A : 어떤 소설을 좋아해요?

　 B : _____

② A : 좋아하는 작가는 누구예요?

　 B : _____

第18課　좋아하는 작가는 누구예요?

第19課 좋은 추억을 잘 기억하겠습니다.

>>> 学習項目
Ⅰ．-네요（～ですね、～ますね）
Ⅱ．動詞の過去連体形
Ⅲ．-(으)ㄴ 후（=動詞の過去連体形＋후）（～した後、～してから）

── 動詞・形容詞Ⅴ ──

그립다
恋しい

기쁘다
嬉しい

기억하다
記憶する

놀라다
ビックリする

무섭다
怖い

부끄럽다
恥ずかしい

슬프다
悲しい

즐겁다
楽しい

편하다
楽だ

행복하다
幸せだ

화가 나다
腹が立つ

화를 내다
怒る

힘들다
大変だ

文法

I．-네요（〜ですね、〜ますね）

用言の語幹に付いて、話し手が新しく知った事実に対して感嘆する気持ちを表します。

（語幹末にパッチムなし・あり）＋ 네요

　무섭다 ⇒ 무섭 ＋ 네요 ⇒ 무섭네요　　　　　　　　　　　　　　（怖いですね）

（ㄹパッチムの語幹）－ ㄹ ＋ 네요

　힘들다 ⇒ 힘드 ＋ 네요 ⇒ 힘드네요　　　　　　　　　　　　　　（大変ですね）

보기（例）

이 영화는 무섭네요.　　　　　　　　　　　　　（この映画は怖いですね。）
외국 생활은 힘드네요.　　　　　　　　　　　　（外国の生活は大変ですね。）

연습（練習）　次の文を韓国語に訳してみましょう！

① この椅子は楽ですね。

② あ！雨が降っていますね。

③ あんまり褒められて恥ずかしいですね。

④ この小説はとても悲しいですね 。

⑤ その話は腹が立ちますね。

생활 (生活)、칭찬받다 (褒められる)、이야기 (話)

文法

Ⅱ．動詞の過去連体形

名詞を修飾する動作が完了したことを表します。

(語幹末にパッチムなし) ＋ ㄴ 名詞
　쓰다 ⇒ 쓰 ＋ ㄴ ⇒ 쓴 사람 　　　　　　　　　　　　　　　　　　　　（書いた人）

(語幹末にパッチムあり) ＋ 은 名詞
　먹다 ⇒ 먹 ＋ 은 ⇒ 먹은 사람 　　　　　　　　　　　　　　　　　　　（食べた人）

(ㄹパッチムの語幹) － ㄹ ＋ ㄴ 名詞
　놀다 ⇒ 노 ＋ ㄴ ⇒ 논 사람 　　　　　　　　　　　　　　　　　　　　（遊んだ人）

보기 (例)

리포트를 쓴 학생 　　　　　　　　　　　　　　　　　　　　（レポートを書いた学生）
작년에 한국에서 먹은 삼계탕 　　　　　　　　　　　（昨年韓国で食べたサムゲタン）
어제 같이 논 친구 　　　　　　　　　　　　　　　　　　　　（昨日一緒に遊んだ友達）

연습 (練習) 次の動詞を過去連体形に直し、日本語に訳してみましょう！

	過去連体形	日本語訳
① 이기다, 시합 ⇒	_____	_____
② 읽다, 신문 ⇒	_____	_____
③ 만들다, 케이크 ⇒	_____	_____
④ 내리다, 눈 ⇒	_____	_____
⑤ 오르다, 산 ⇒	_____	_____

이기다 (勝つ)、시합 (試合)

Ⅲ. -(으)ㄴ 후 (=動詞の過去連体形＋후) (〜した後、〜してから)

動詞の語幹に付いて、ある行為が後節の行為より時間的に先であることを表します。

만나다 ⇒ 만나 + ㄴ 후 ⇒ 만난 후　　　　　　　　　　　　　（会った後）
먹다 ⇒ 먹 + 은 후 ⇒ 먹은 후　　　　　　　　　　　　　　　（食べた後）
놀다 ⇒ 노 + ㄴ 후 ⇒ 논 후　　　　　　　　　　　　　　　　（遊んだ後）

보기（例）

친구를 <u>만난 후</u>에 집에 돌아왔어요.　　　（友達に会ってから家に帰ってきました。）
저녁을 <u>먹은 후</u>에는 숙제를 해야 해요.
　　　　　　　　　　　　　　（夕飯を食べた後には宿題をしなければなりません。）
밖에서 <u>논 후</u>에는 손을 씻으세요.　　　（外で遊んだ後には手を洗ってください。）

연습（練習） 次の文を韓国語に訳してみましょう！

① 大学を卒業した後に韓国語の勉強を始めました。

② 結婚した後にここに引っ越してきました。

③ 写真を撮った後にカメラが故障しました。

④ 家に帰ってきた後に1時間ほど寝ました。

⑤ 30分待った後に電話しました。

결혼 (結婚)、이사 (引っ越し)、카메라 (カメラ)、정도 (ほど)

(E-mail)

히로키 씨, 웨이 씨

시간이 정말 빠르네요.

한국에 돌아온 후 일본 유학 생활이 많이 그리웠어요.

일본에서 지내는 동안 도움을 주셔서 고맙습니다.

좋은 추억을 잘 기억하겠습니다.

또 만나요.　　　　　　　　　　　　　윤하

정말　本当に、本当	지내다　過ごす
동안　間	도움　助け
추억　思い出	또　また

 会話を訳してみましょう！

(　　　)

들어 봅시다! (聞いてみましょう！) 71

① _____

② _____

③ _____

말해 봅시다! (話してみましょう！)

① A : 지난주에 한 일을 이야기해 봅시다.

　　B : _____

② A : 오늘 저녁을 먹은 후에 뭐 할 거예요?

　　B : _____

第19課　좋은 추억을 잘 기억하겠습니다.

付録

不規則表 …………………………… 146
発音ルール …………………………… 147
会話翻訳 …………………………… 148
練習・「聞いてみましょう！」の解答 … 150
単語リスト …………………………… 156
　　韓→日　156　　　日→韓　162

不規則表

	条件と変化	例
ㅂ不規則	-아/어と으で始まる語尾が来る場合、ㅂパッチムが우に変わる。 곱다と돕다の場合は-아/어で始まる語尾が来ると오に変わる。 ㅂ + 아/어／으 ⇒ ㅂ → 우 （곱다・돕다の場合）ㅂ + 아/어 ⇒ ㅂ → 오	돕다 → 도와요 (手伝う) (手伝います) 돕다 → 도우니까 (手伝う) (手伝うから) 맵다 → 매우면 (辛い) (辛かったら) 춥다 → 추워요 (寒い) (寒いです)
ㄷ不規則	-아/어と으で始まる語尾が来る場合、ㄷパッチムが「ㄹ」に変わる。 ㄷ + 아/어／으 ⇒ ㄷ → ㄹ	걷다 → 걸어요 (歩く) (歩きます) 듣다 → 들으면 (聴く) (聴けば) 묻다 → 물어요 (聞く) (聞きます)
으不規則	-아/어で始まる語尾が来るの場合、母音の「ㅡ」が落ちて、残った子音が「ㅏ, ㅓ」と結合する。 ㅡ + 아/어／으 ⇒ ㅡ → ㅏ／ㅓ	기쁘다 → 기뻐요 (嬉しい) (嬉しいです) 쓰다 → 써요 (書く) (書きます) 아프다 → 아파요 (痛い) (痛いです)
르不規則	-아/어で始まる語尾が来るの場合、르が「ㄹ라」、「ㄹ러」に変わる。 르 + 아/어 ⇒ 르 → ㄹ라／ㄹ러	기르다 → 길러요 (飼う) (飼います) 모르다 → 몰라요 (知らない) (知りません) 빠르다 → 빨라요 (速い) (速いです)
ㅎ不規則	a. -아/어で始まる語尾が来るの場合、ㅎパッチムが脱落して「ㅏ、ㅓ」が「ㅐ」に変わる。 ㅎ + 아/어 ⇒ ①ㅎ脱落 ②ㅏ/ㅓ⇒ㅐ、ㅑ⇒ㅒ b. 으で始まる語尾の前でㅎパッチムと語尾으が落ちる。 ㅎ + 으 ⇒ ㅎと으脱落	노랗다 → 노래요 (黄色い) (黄色いです) 빨갛다 → 빨개요 (赤い) (赤いです) 파랗다 → 파라네요 (青い) (青いですね) 파랗다 → 파라면 (青い) (青かったら)

発音ルール

	条件と変化	例
有声音化	「ㄱ、ㄷ、ㅂ、ㅈ」が母音や有声音の「ㄴ、ㄹ、ㅁ、ㅇ」に挟まれると影響を受けて有声音になり、濁音になる。 母音、ㄴ、ㄹ、ㅁ、ㅇ+ ㄱ、ㄷ、ㅂ、ㅈ（濁る） +母音、ㄴ、ㄹ、ㅁ、ㅇ	고기 [kogi]（肉） 공기 [koŋgi]（空気） 남자 [namdʒa]（男子） 반대 [pandɛ]（反対）
連音化	パッチムで終わる単語の後に無音「ㅇ」で始まる母音が続くとパッチムが「ㅇ」の位置に移って発音される。 パッチム+ 無音「ㅇ」で始まる母音の音節 ※ 二重子音のパッチムの場合、前のパッチムは残り、後のパッチムは母音の「ㅇ」の位置に移って発音される。 ※「ㄴ、ㄹ、ㅁ」パッチムの後、「ㅎ」が続くと「ㅎ」の音が消えて連音化が起きる（ㅎの弱化）。	한국이 [한구기]（韓国が） 손에 [소네]（手に） 음악 [으막]（音楽） 읽으면 [일그면]（読めば） 문학 [무낙]（文学） 전화 [저놔]（電話）
鼻音化	無声音が鼻音の前で鼻音に変わる。 [ᵏ]（ㄱ、ㄲ、ㅋ） [ᵗ]（ㄷ、ㅅ、ㅆ、ㅈ、ㅊ、ㅌ、ㅎ）+ ㄴ ㅁ ⇒ (ㄱ、ㄲ、ㅋ) → ㅇ [ᵖ]（ㅂ、ㅍ） (ㄷ、ㅅ、ㅆ、ㅈ、ㅊ、ㅌ、ㅎ) → ㄴ (ㅂ、ㅍ) → ㅁ	끝나다 [끈나다]（終わる） 작년 [장년]（去年） 《連体形》 먹는 [멍는]（食べる） 없는 [엄는]（ない・いない）
激音化	「ㅎ」の前後に「ㄱ、ㄷ、ㅂ、ㅈ」が来ると「ㅋ、ㅌ、ㅍ、ㅊ」に発音される。 ㄱ、ㄷ、ㅂ、ㅈ + ㅎ ⇒ ㄱ→ㅋ ㅎ + ㄱ、ㄷ、ㅂ、ㅈ ㄷ→ㅌ ㅂ→ㅍ ㅈ→ㅊ	많다 [만타]（多い） 좋다 [조타]（良い） 입학 [이팍]（入学）
濃音化	無声音のパッチム [ᵏ]、[ᵗ]、[ᵖ] に「ㄱ、ㄷ、ㅂ、ㅅ、ㅈ」で始まる単語が続くと濃音「ㄲ、ㄸ、ㅃ、ㅆ、ㅉ」に発音される。 ㄱ→ㄲ ㄷ→ㄸ パッチム [ᵏ]、[ᵗ]、[ᵖ] + ㄱ、ㄷ、ㅂ、ㅅ、ㅈ ⇒ ㅂ→ㅃ ㅅ→ㅆ ㅈ→ㅉ	국밥 [국빱]（クッパ） 극장 [극짱]（映画館） 학교 [학꾜]（学校） 있다 [읻따]（いる、ある） 옆집 [엽찝]（隣の家）
ㄴ添加	前の単語にパッチムがあり、後ろの音が야、여、요、유、이の場合、냐、녀、뇨、뉴、니に発音される。 パッチム+야、여、요、유、이 ⇒ 냐、녀、뇨、뉴、니	꽃잎 [꼰닙]（花びら） 무슨 일 [무슨닐] 　　　　　（何のこと）
口蓋音化	「ㄷ、ㅌ」パッチムが後続する이、히の影響を受け、「ㅈ、ㅊ」に発音される。 ㄷ+이 ⇒ 지　　ㅌ+이 ⇒ 치　　ㄷ+히 ⇒ 치	굳이 [구지]（あえて） 같이 [가치]（一緒に） 닫히다 [다치다]（閉まる）
流音化	ㄴパッチムの後に「ㄹ」が来るとㄴパッチムが「ㄹ」に発音される。 パッチムㄴ+ㄹ ⇒ ㄴ→ㄹ パッチムㄹ+ㄴ ⇒ ㄴ→ㄹ	신라 [실라]（新羅） 연락 [열락]（連絡） 설날 [설랄]（正月）

会話翻訳

第1課
ひろき：こんにちは。私は、佐藤ひろきです。日本人です。
ユナ　：はい、こんにちは。チョンユナです。韓国人です。
ひろき：ユナさんは大学生ですか。
ユナ　：はい、大学生です。よろしくお願いします。

第2課
ユナ　：ひろきさん、専攻は何ですか。
ひろき：私の専攻は経営学です。ユナさんの専攻は国際関係ですか。
ユナ　：いいえ、国際関係ではありません。日本文化です。

第3課
ユナ　：ひろきさんはお姉さんがいますか。
ひろき：いいえ、姉はいません。妹がいます。ユナさんも兄弟がいますか。
ユナ　：はい、私は兄と弟がいます。
ひろき：そうなんですね。

第4課
ひろき：週末に何をしますか。
ユナ　：図書館に行きます。
ひろき：一日中図書館で勉強しますか。
ユナ　：いいえ、夕方には渋谷で友達に会います。

第5課
（お店で）
店員：いらっしゃいませ。
ユナ：このスカートはいくらですか。
店員：5千円です。
ユナ：靴は売っていませんか。
店員：ごめんなさい。靴は売っていません。

第6課
ウェイ：ひろきさんは何時から何時までアルバイトをしますか。
ひろき：夕方の6時から8時半までします。
ウェイ：今度の週末にもアルバイトをしますか。
ひろき：いいえ、今度の週末は友達と遊びに行きます。

第7課
ひろき：来週に母が韓国にいらっしゃいます。
ユナ　：観光しにいらっしゃいますか。
ひろき：はい、母は韓国の冷麺が好きです。
ユナ　：そうですか。冷麺は韓国語で「ネンミョン」といいます。

第8課
ひろき：卒業したら何したいですか。
ウェイ：私は高校の先生になりたいです。ひろきさんはどうですか。
ひろき：大学院でもっと勉強をしたいです。
ウェイ：私たち、お互いに一生懸命勉強しましょう。

第9課
ウェイ：ユナさんは料理が上手ですか。
ユナ　：上手ではありません。ウェイさんはどうですか。
ウェイ：私はたまに中国料理を作ります。
ユナ　：あら！私は中国料理が好きです。
ウェイ：週末にひろきさんと私の家に遊びに来てください。一緒に夕食を食べましょう。

第10課
ひろき：休みに何をするつもりですか。
ユナ　：韓国に帰らなければなりません。
ひろき：あ！私も韓国に行きます。時間があればソウルで会いましょう。
ユナ　：もちろんです。電話してください。

第11課
ひろき：昨日、なぜ欠席しましたか。
ユナ　：風邪をひいて病院に行きました。
　　　　（ゴホンゴホン）
ひろき：薬は飲みましたか。

ユナ　：はい、薬も飲んで休みました。

第12課
ユナ　：明日、約束ありますか。約束がなかったら美術館に一緒に行きましょう。
ひろき：はい、いいです。午前に授業があるから12時に学校の正門の前で会いましょうか。
ユナ　：はい、ウェイさんにも連絡してみましょう。

第13課
（ユナは料理中）
ウェイ：トッポッキ作っていますか。
　　　　おいしそう！でも、辛そうです。
ユナ　：思ったより辛くないですよ。
　　　　食べてみてください。
ひろき：私はトッポッキが大好きです。
　　　　辛くてもよく食べます。
ユナ　：出来上がりました。たくさん召し上がってください。

第14課
ひろき：授業終わりましたか。
　　　　ところで何か心配ごとがありますか。
ウェイ：はい、パソコンが故障して宿題ができません。
ひろき：情報センターでパソコンが使えます。
　　　　閉まる前にまず問い合わせてみてください。
ウェイ：はい、ありがとうございます。

第15課
ひろき：週末は忙しいですか。
ユナ　：あまり忙しくないです。土曜日に美容室に行くつもりです。どうしてですか。
ひろき：コンサートのチケットが2枚あるんです。一緒に行きましょうか。
ユナ　：はい、いいです。美容室は来週に行ってもいいです。
ひろき：無理はしないでください。

第16課
ひろき：ウェイさん！何していますか。
ウェイ：インターネットで服を買っています。
ひろき：インターネット・ショッピングをよく利用しますか。
ウェイ：はい、配達が速くて便利です。
ひろき：インターネット・ショッピングは便利だけど、ちょっと不安です。

第17課
ひろき：韓国の秋の空はどうですか。
ユナ　：空が高くて青いから「天高馬肥」の季節といいます。
　　　　日本の秋の空も高くて青いでしょね？
ひろき：はい、そうです。

第18課
ひろき：ユナさんはどんな小説が好きですか。
ユナ　：私は日本の推理小説が好きです。
ひろき：ユナさんが好きな作家は誰ですか。
ユナ　：宮部みゆきです。韓国でも有名な作家です。
ひろき：そうですか。私も読んでみます。

第19課
（E-メール）
ひろきさん、ウェイさん、
時間が（経つのが）本当に速いですね。
韓国へ帰ってきてから、日本の留学生活がとても恋しかったです。
日本で過ごしている間、助けてくれてありがとうございます。
よい思い出を大切に記憶します。
また会いましょう。　　　　　　　　　　　ユナ

연습/'들어 봅시다!' 해답 (練習・「聞いてみましょう！」の解答)

1部　文字と発音編

第3課　練習2 (p.17)
① 가요　② 타요　③ 사요　④ 짜요

2部　文法編

第1課

Ⅰ (p.29)
① 주부는
② 작가는
③ 대학생은
④ 교사는
⑤ 경찰관은

Ⅱ (p.30)
① 공무원입니다.　② 회사원입니다.
③ 기자입니다.　④ 의사입니다.
⑤ 작가입니다.

Ⅲ (p.31)
① 일본 사람입니까?
② 다나카 씨는 주부입니까?
③ 리나 씨는 요리사입니까?
④ 미나 씨는 가수입니까?
⑤ 형은(오빠는) 경찰관입니까?

聞いてみましょう！(p.33)
① 안녕하세요?
② 일본 사람입니다.
③ 대학생입니까?

第2課

Ⅰ (p.35)
① 영미 문학이　② 일본 문화가
③ 대학생이　④ 경제학이
⑤ 법학이

Ⅱ (p.36)
① 이에요.　私の専攻は経営学です。
② 이에요.　ヒロキさんは日本人です。
③ 이에요.　ウェイさんの専攻は経済学ですか。
④ 예요.　名前が何ですか。

Ⅲ (p.37)
① 가 아니에요　② 이 아니에요
③ 이 아니에요　④ 가 아니에요
⑤ 가 아니에요

聞いてみましょう！(p.39)
① 전공이 뭐예요?
② 제 전공은 경영학이에요.
③ 아니요, 국제 관계가 아니에요.

第3課

Ⅰ (p.41)
① 나(저)와 다나카 씨　② 형과(오빠와) 남동생
③ 딸도 아들도　④ 언니(누나)와 여동생도
⑤ 할아버지와 할머니

Ⅱ (p.42)
① 이　　本があります。
② 이　　食堂がありますか。
③ 가　　祖父と祖母がいます。
④ 가　　兄がいますか。
⑤ 이　　辞書がありますか。

Ⅲ (p.43)
① 시험이 없어요?
② 컴퓨터가 없어요?
③ 언니가 없어요.
④ 식당이 없어요.
⑤ 여동생이 없어요?

聞いてみましょう！(p.45)
① 누나가 있어요?
② 누나는 없어요.
③ 저는 오빠하고 남동생이 있어요.

第4課

Ⅰ (p.47)
① 전공을　② 사전을　③ 대학생을
④ 아버지를　⑤ 일본 문화를

Ⅱ (p.48)
① 컴퓨터가 비쌉니다.
② 도서관에서 선배를 만납니다.
③ 식당에서 밥을 먹습니다.
④ 맛없습니다.

Ⅲ (p.49)
① 재미있습니까?　おもしろいですか。
② 마십니까?　飲みますか。
③ 놉니까?　遊びますか。
④ 많습니까?　多いですか。
⑤ 봅니까?　見ますか。

聞いてみましょう！(p.51)
① 주말에 무엇을 합니까?
② 도서관에 갑니다.
③ 저녁에는 시부야에서 친구를 만납니다.

第5課
Ⅰ (p.53)
① 넥타이는 이십오만 원이에요.
② 우산은 팔백사십 엔이에요.
③ 제 생일은 유 월 이십일 일이에요.

Ⅱ (p.55)
① 밥을 안 먹습니다.　밥을 먹지 않습니다.
② 시계를 안 봅니다.　시계를 보지 않습니다.
③ 안경이 안 쌉니다.　안경이 싸지 않습니다.
④ 책을 안 읽습니다.　책을 읽지 않습니다.
⑤ 양말은 안 비쌉니다.　양말은 비싸지 않습니다.

聞いてみましょう！(p.57)
① 이 치마는 얼마입니까?
② 오천 엔입니다.
③ 구두는 팔지 않습니다.

第6課
Ⅰ (p.59)
① 아침부터 친구를 만납니다.
② 저녁까지 수업이 있습니다.
③ 밤까지 공부를 합니다.
④ 몇 시까지 텔레비전을 봅니까?
⑤ 오후부터 밤까지 놉니다.

Ⅱ (p.60) 解答例
① 다섯 시까지예요.
② 세 권 있어요.
③ 열아홉 살이에요.
④ 한 개 있어요.

Ⅲ (p.61)
① 저녁을 먹으러 갑니까?
② 영화를 보러 시부야에 갑니다.
③ 지우개를 사러 갑니다.
④ 공부하러 학교에 옵니다.
⑤ 부탁하러 갑니다.

聞いてみましょう！(p.63)
① 몇 시부터 몇 시까지 아르바이트를 합니까?
② 저녁 여섯 시부터 여덟 시 반까지 합니다.
③ 이번 주말은 친구하고 놀러 갑니다.

第7課
Ⅱ (p.66)
① 이번 주 토요일에는 아버지께서 집에 계십니다.
② 일요일에 할아버지께서는 산에 가십니다.
③ 어머니께서 아침을 드십니다.

Ⅲ (p.67)
① 저는 自分の名前(이)라고 합니다.
② 아르바이트라고 합니다.
③ 점심이라고 합니다.
④ '교'라고 합니다.
⑤ 바지라고 합니다.

聞いてみましょう！(p.69)
① 다음 주에 어머니께서 한국에 가십니다.
② 관광하러 가십니까?
③ '레이멘'은 한국말로 냉면이라고 합니다.

第8課

Ⅰ（p.73）
① 시간이 없으면 밥을 안 먹습니다.
② 대학에 입학하면 한국에 놀러 갑니다.
③ 돈이 백만 엔 있으면 무엇을 합니까?

Ⅱ（p.74）
① 초등학교 선생님이 되고 싶습니까?
② 일요일에는 영화를 보고 싶습니다.
③ 미국에 유학하고 싶습니다.
④ 한국에서 친구를 만나고 싶습니다.
⑤ 토요일에는 집에서 책을 읽고 싶습니다.

Ⅲ（p.75）
① 같이 고등학교 친구를 만나러 갑시다.
② 도서관에서는 조용히 합시다.
③ 다음 주에 우리 집에서 같이 저녁을 먹읍시다.
④ 주말에 영화를 보러 갑시다.

聞いてみましょう！（p.77）
① 졸업하면 뭐 하고 싶습니까?
② 저는 고등학교 선생님이 되고 싶습니다.
③ 우리 서로 열심히 공부합시다.

第9課

Ⅰ（p.79）
① 이 구두는 작아요.
② 여동생 연필은 짧아요.
③ 운동장이 넓어요.
④ 옷을 입어요.
⑤ 우리 집은 좁아요.

Ⅱ（p.80）
① 수요일에는 못 갑니까?(가지 못합니까?)
② 문을 못 엽니다(열지 못합니다).
③ 일본 요리를 못 만듭니다(만들지 못합니다).
④ 돈을 못 받습니다(받지 못합니다).
⑤ 졸업 못 합니다(하지 못합니다).

Ⅲ（p.81）
① 내일 두 시에 오세요.
② 신문을 읽으세요.
③ 책을 빌리고 싶으면 도서관에 가세요.
④ 창문을 닦으세요.
⑤ 웃으세요.

聞いてみましょう！（p.83）
① 요리 잘해요?
② 저는 가끔 중국 음식을 만들어요.
③ 같이 저녁 먹어요.

第10課

Ⅰ（p.85）
① 수업은 몇 시에 끝나요?
② 남동생은 고등학교에 다녀요.
③ 학교에서 한국어를 배워요.
④ 일곱 시까지 언니(누나)를 기다려요.

Ⅱ（p.86）
① 세워야 해요(돼요).
今日は計画を立てなければなりません。
② 가르쳐야 해요(돼요).
外国人に韓国語を教えなければなりません。
③ 시작해야 해요(돼요).
宿題を早く始めなければなりません。
④ 내려야 해요(돼요).
ここで降りなければなりません。
⑤ 줘야 해요(돼요).
韓国語のノートをあげなければなりません。

Ⅲ（p.87）
① 오후에 비가 내릴 거예요.
② 이번 주말에 어디에 놀러 갈 거예요?
③ 무엇을 먹을 거예요?
④ 몇 시에 집에서 나올 거예요?
⑤ 형한테는 그 선물이 좋을 거예요.

聞いてみましょう！（p.89）
① 방학에 뭐 할 거예요?
② 한국에 돌아가야 해요.
③ 시간 있으면 서울에서 만나요.

第11課
Ⅰ (p.91)
① 구급차가 왔어요?
② 지난주에는 열이 높았어요.
③ 언니는 간호사가 됐어요.
④ 언제 퇴원을 했어요?
⑤ 어제 약국에서 약을 샀어요.

Ⅱ (p.92)
① 열도 나고 기침도 나요.
② 음악도 듣고 책도 읽어요.
③ 지하철도 타고 버스도 타요.
④ 친구도 만나고 쇼핑도 해요.
⑤ 이 책은 짧고 재미있어요.

Ⅲ (p.93)
① 친구하고 만나서 영화를 봤어요.
② 지하철이 안 와서 기다렸어요.
③ 열이 높아서 병원에 갔어요.
④ 수업이 끝나서 아르바이트를 하러 가요.

聞いてみましょう！(p.95)
① 어제 왜 결석했어요?
② 감기에 걸려서 병원에 갔어요.
③ 약도 먹고 쉬었어요.

第12課
Ⅰ (p.97)
① 안 보이니까 앉으세요.
② 오늘은 바쁘니까 내일 만납시다.
③ 가게 안에 사람이 많으니까 밖에서 마십시다.
④ 오른쪽에 있으니까 오른쪽을 보세요.
⑤ 많이 입으니까 괜찮아요.

Ⅱ (p.98)
① 학교 앞에서 만날까요?
② 교실 안에 학생이 있을까요?
③ 뒤에 앉을까요?
④ 이 선물은 좀 비쌀까요?

Ⅲ (p.99)
① 앉아 보세요.　　　座ってみてください。

② 시작해 보세요.　　始めてみてください。
③ 기다려 보세요.　　待ってみてください。
④ 보내 보세요.　　　送ってみてください。
⑤ 외워 보세요.　　　覚えてみてください。

聞いてみましょう！(p.101)
① 약속이 없으면 미술관에 같이 가요.
② 12시에 학교 정문 앞에서 만날까요?
③ 연락해 봅시다.

第13課
Ⅰ (p.103)
① 만들겠어요　　② 끝내겠어요
③ 짜겠어요　　　④ 내리겠어요
⑤ 달겠어요

Ⅱ (p.104)
① 더워서 창문을 열었어요.
② 제 가방은 무거워요.
③ 친구를 만나서 반가웠어요.
④ 시험은 쉬웠어요.

Ⅲ (p.105)
① 비가 내려도 가겠어요.
② 에어컨을 켜도 더워요.
③ 무거워도 괜찮아요.
④ 셔도 잘 먹어요.
⑤ 가까워도 버스로 갑시다.

聞いてみましょう！(p.107)
① 그렇지만 맵겠어요.
② 생각보다 안 매워요.
③ 매워도 잘 먹어요.

第14課
Ⅰ (p.109)
① 여기서 돈을 바꿀 수 있어요.
② 한국어로 음식을 시킬 수 있어요.
③ 전화를 걸 수 없어요.
④ 중국어를 (말)할 수 없어요.

Ⅱ（p.110）
① 자기 전에 얼굴을 씻으세요.
② 수업이 끝나기 전에 리포트를 끝내야 해요.
③ 가기 전에 전화를 걸겠어요.
④ 늦기 전에 돌아오세요.
⑤ 쓰기 전에 말해 봅시다.

Ⅲ（p.111）
① 학교까지 걸어야 해요.
② 물어 보겠어요.
③ 이 구두는 많이 걸어도 피곤하지 않아요.
④ 잘 들어 보세요.
⑤ 음악을 들어 볼까요?

聞いてみましょう！（p.113）
① 그런데 무슨 걱정 있어요?
② 정보 센터에서 컴퓨터를 쓸 수 있어요.
③ 문을 닫기 전에 먼저 물어 보세요.

第15課
Ⅰ（p.115）
① 바빠서 우체국에 못 갔어요.
② 이 은행은 아주 커요.
③ 저 가방은 예뻐요.
④ 배가 고파서 밥을 먹으러 가요.
⑤ 한국어로 써 보세요.

Ⅱ（p.116）
① 열어도 돼요.
　窓を開けてもいいです。
② 들어도 돼요.
　ここで音楽を聴いてもいいです。
③ 넣어도 돼요?
　砂糖を入れてもいいですか。
④ 읽어도 돼요?
　コンビニで雑誌を読んでもいいですか。
⑤ 가도 돼요?
　トイレに行ってもいいですか。

Ⅲ（p.117）
① 공원에서 술을 마시지 마세요.
② 말하면 되니까 걱정하지 마세요.
③ 이 우유는 마시지 마세요.
④ 박물관 안에서는 사진을 찍지 마세요.
⑤ 영화관 안에서는 말하지 마세요.

聞いてみましょう！（p.119）
① 별로 안 바빠요.
② 토요일에 미용실에 갈 거예요. 왜요?
③ 무리는 하지 마세요.

第16課
Ⅰ（p.121）
① 비가 내리고 있어요.
② 백화점에서 쇼핑을 하고 있어요.
③ 편의점에서 아르바이트를 하고 있어요.
④ 요즘 피아노를 배우고 있어요.
⑤ 삼계탕을 만들고 있어요.

Ⅱ（p.122）
① 어제 노래방에서 노래를 불렀어요.
② 설명서를 읽어도 몰라요.
③ 서울에는 한강이 흘러요.
④ 기차(열차)보다 비행기가 빨라요.

Ⅲ（p.123）
① 일본과 한국은 가깝지만 집에서 공항이 멀어요.
② 여행을 하고 싶지만 돈이 없어요.
③ 택시를 탔지만 늦었어요.
④ 선생님께 메일을 보냈지만 답장이 없어요.
⑤ 정류장에서 기다렸지만 버스가 안 왔어요.

聞いてみましょう！（p.125）
① 뭐 하고 있어요?
② 배달이 빨라서 편리해요.
③ 인터넷 쇼핑은 편리하지만 좀 불안해요.

第17課
Ⅰ（p.127）
① 까매요.　② 어때요?
③ 그래요.　④ 빨개요.
⑤ 저래요.

Ⅱ (p.128)
① 눈이 많이 내렸기 때문에 오늘 수업은 없어요.
② 커피가 없기 때문에 사러 가요.
③ 여름에는 덥기 때문에 에어컨이 필요해요.
④ 빵을 좋아하기 때문에 자주 사러 가요.
⑤ 전철이 빠르기 때문에 전철로 갑니다.

Ⅲ (p.129)
① 오늘은 날씨가 좋지요?
② 이번 가을에 가족하고 여행하지요?
③ 어제는 아주 더웠지요?
④ 후지산은 높지요?
⑤ 일본의 유 월은 비가 많이 내리지요?

聞いてみましょう！(p.131)
① 한국의 가을 하늘은 어때요?
② 천고마비의 계절이라고 해요.
③ 일본의 가을 하늘도 높고 파랗지요?

第18課
Ⅰ (p.133)
① 가는 병원　　　　行く病院
② 읽는 책　　　　　読む本
③ 좋아하는 영화　　好きな映画
④ 나오는 사람　　　出てくる人
⑤ 전화를 거는 시간　電話をかける時間

Ⅱ (p.134)
① 많은 책　　　　　多い本
② 바쁜 주말　　　　忙しい週末
③ 먼 빵집　　　　　遠いパン屋
④ 재미없는 영화　　面白くない映画
⑤ 교사인 사람　　　教師である人

Ⅲ (p.135)
① 내일 다섯 시에 출발할게요.
② 선생님께 메일을 보낼게요.

③ 오늘은 게임을 안 할게요.
④ 다음 주 월요일 열두 시 버스를 탈게요.
⑤ 커피를 마실게요.

聞いてみましょう！(p.137)
① 어떤 소설을 좋아해요?
② 한국에서도 유명한 작가예요.
③ 저도 읽어 볼게요.

第19課
Ⅰ (p.139)
① 이 의자는 편하네요.
② 아! 비가 내리고 있네요.
③ 너무 칭찬받아서 부끄럽네요.
④ 이 소설은 너무 슬프네요.
⑤ 그 이야기는 화가 나네요.

Ⅱ (p.140)
① 이긴 시합　　　　勝った試合
② 읽은 신문　　　　読んだ新聞
③ 만든 케이크　　　作ったケーキ
④ 내린 눈　　　　　降った雪
⑤ 오른 산　　　　　登った山

Ⅲ (p.141)
① 대학을 졸업한 후에 한국어 공부를 시작했어요.
② 결혼한 후에 여기에 이사 왔어요.
③ 사진을 찍은 후에 카메라가 고장났어요.
④ 집에 돌아온 후에 한 시간 정도 잤어요.
⑤ 삼십 분 기다린 후에 전화했어요.

聞いてみましょう！(p.143)
① 시간이 정말 빠르네요.
② 한국에 돌아온 후 일본 유학 생활이 많이 그리웠어요.
③ 좋은 추억을 잘 기억하겠습니다.

単語リスト

- 尊 尊敬形
- 固 固有数字
- 漢 漢数字
- 単 単位名詞

韓 → 日

ㄱ

가	～が
가/이 아니다	～ではない
가게	店
가격	価格
가깝다	近い
가끔	たまに、時々
가다	行く
가르치다	教える
가방	カバン
가볍다	軽い
가수	歌手
가위	ハサミ
가을	秋
가족	家族
간호사	看護師
갈색	茶色
감	柿
감기(에 걸리다)	風邪(を引く)
감상	鑑賞
강	川、江
같이	一緒に
개	単 個
거	〈것의 縮約形〉こと、もの
거기	そこ
걱정	心配ごと、心配
건너다	渡る
걷다	歩く
걸다	かける
검은색	黒色
게임	ゲーム
겨울	冬
결석	欠席
결혼	結婚
경영학	経営学
경제학	経済学
경찰관	警察官
계시다	いらっしゃる
계절	季節
계획	計画
고등학교	高校
고등학생	高校生
고맙다	ありがたい
고장나다	故障する、壊れる
고프다	(お腹が)空く
곱다	きれいだ、美しい
공	ゼロ
공무원	公務員
공부	勉強
공원	公園
공책	ノート
공항	空港
과	～と
과일	果物
과학	科学
관계	関係
관광	観光
괜찮다	大丈夫だ、平気だ、構わない
교사	教師
교실	教室
구	漢 九
구급차	救急車
구두	靴
구름	雲
국밥	クッパ
국제	国際
권	単 冊
귀	耳
귀엽다	かわいい
귤	ミカン
그	その
그것	それ
그래서	それで、そこで
그러나	しかし
그러면	それでは
그런데	ところで
그럼	それでは
그렇군요	そうですか、そうですね
그렇다	そうだ
그렇지만	でも、しかしながら、だか
그리고	そして
그리기	描くこと
그림	絵
그립다	恋しい
그저께	おととい
극장	劇場、映画館
금요일	金曜日
기다리다	待つ
기르다	飼う
기쁘다	嬉しい
기억하다	記憶する
기자	記者
기차	汽車、列車
기침(이 나다)	せき(が出る)
길	道
길다	長い
김치	キムチ
까맣다	黒い
까지	まで
께	尊 (人)～に
께서	尊 ～が
께서는	尊 ～は
꼭	必ず
꽃다발	花束
꽃잎	花びら
꽤	かなり
끝나다	終わる
끝내다	終える

ㄴ

나	私
나가다	出ていく、出かける
나쁘다	悪い
나오다	出てくる

날씨	天気
남(쪽)	南(側)
남동생	弟
낮	昼
낮다	低い
내	私の
내년	来年
내리다	降る、降りる
내일	明日
냉면	冷麺
너	君、お前
너무	(否定的) とても、あんまり
넓다	広い
넣다	入れる
네	君の、固 四つの、はい (예)
넥타이	ネクタイ
넷	固 四つ
년	年
노란색	黄色
노랗다	黄色い
노래	歌
노래방	カラオケ
노트	ノート
녹색	緑色
놀다	遊ぶ
놀라다	ビックリする
높다	(高低) 高い
누가	だれが
누구	だれ
누나	(男性の立場から)姉
눈	目、雪
뉴스	ニュース
는	～は
는요?	～はどうですか
늘	常に、いつも
늦다	遅れる、遅い

ㄷ

다	皆、すべて
다 되다	出来上がる、終わる
다니다	通う
다르다	異なる
다리	脚
다섯	固 五つ
다음 달	来月
다음 주	来週
다이어트	ダイエット
닦다	磨く、拭く
닫다	閉める
닫히다	閉まる
달	単 月
달다	甘い
답장	返事、返信
대	単 台
대학교	大学
대학생	大学生
대학원	大学院
대학원생	大学院生
댄스	ダンス
더	もっと
덥다	暑い
도	～も
도서관	図書館
도움	助け
도쿄	東京
독서	読書
돈	お金
돌아가다	帰る
돌아오다	帰ってくる
돕다	手伝う、助ける
동(쪽)	東(側)
동안	間
돼지갈비	豚カルビ
되다	なる
두	固 二つの
둘	固 二つ
뒤	後ろ
드시다	召し上がる、お飲みになる
듣다	聞く、聴く
등산	登山
따뜻하다	暖かい
딸	娘
딸기	イチゴ
떡볶이	トッポッキ
또	また

ㄹ

(으)로	(手段)で、(方向)へ・に
를	～を
리포트	レポート

ㅁ

마리	単 匹、頭
마시다	飲む
마흔	固 四十
만	万
만나다	会う
만들다	作る
많다	多い
많이	たくさん
말하다	話す
맛없다	おいしくない
맛있다	おいしい
맞히다	当てる
매우	とても
맵다	辛い
머리	頭
먹다	食べる
먼저	先に、まず
멀다	遠い
멋있다	すてきだ、かっこういい
메뉴	メニュー
메일	メール
명	単 名
몇	(数字に付く)何、いくつ
모레	あさって
모르다	知らない
모으다	集める
모자	帽子
목	首
목요일	木曜日
몸	体
무겁다	重い
무릎	ひざ
무리	無理
무섭다	怖い
무슨	何の

무슨 일	何のこと	병원	病院	생각보다	思ったより
무엇	何	보기	例	생일	誕生日
문	ドア、門	보내다	送る	생활	生活
문학	文学	보다	見る、〜より	서(쪽)	西（西側）
문화	文化	보라색	紫色	서다	立つ
묻다	尋ねる、聞く	보이다	見える	서로	互い、互いに
물	水	복숭아	桃	서른	固 三十
물론	もちろん	볼펜	ボールペン	서울	ソウル
물리학	物理学	봄	春	선물	プレゼント
뭐	(무엇の縮約形)何	부끄럽다	恥ずかしい	선배	先輩
미국	アメリカ	부르다	歌う、呼ぶ、(お腹が)いっぱいだ	선생님	先生
미술관	美術館			설날	正月
미역국	わかめスープ	부탁하다	お願いする、頼む	설명서	説明書
미용실	美容室	부터	〜から	설탕	砂糖
밑	下	북(쪽)	北（側）	세	固 三つの
		분	単 分	세	単 歳
ㅂ		분홍색	ピンク色	세우다	立てる、建てる
바꾸다	変える、替える	불고기	プルゴギ	센터	センター
바다	海	불안하다	不安だ	셋	固 三つ
바람	風	비	雨	소설	小説
바쁘다	忙しい	비빔밥	ビビンバ	소설가	小説家
바지	ズボン	비싸다	(値段)高い	속	中
박물관	博物館	비행기	飛行機	손	手
밖	外	빌리다	借りる	손님	お客さん
반	半	빠르다	速い	손잡이	取っ手
반갑다	(人と会って)うれしい	빨간색	赤色	솜이불	綿入れ布団
받다	受ける、もらう	빨갛다	赤い	쇼핑	ショッピング
발	足	빨리	早く、速く	수박	スイカ
밤	夜	빵	パン	수업	授業
밥	ご飯	빵집	パン屋	수요일	水曜日
방	部屋			수첩	手帳
방학	(学校の)休み	**ㅅ**		숙제	宿題
배	お腹、梨、船	사	漢 四	술	酒
배달	配達	사과	リンゴ	쉬다	休む
배우	俳優	사다	買う	쉰	固 五十
배우다	習う	사람	人	쉽다	易しい
백	百	사전	辞書	스무	固 二十の
백화점	デパート、百貨店	사진	写真	스물	固 二十
버스	バス	산	山	스포츠	スポーツ
번	単 回、度	살	単 歳	슬프다	悲しい
법학	法学	살다	住む、暮らす	시	単 時
별로	あまり(否定形が続く)	삼	漢 三	시간	時間
		삼계탕	サムゲタン	시계	時計
병	単 本、瓶	색깔	色	시다	すっぱい

시부야	渋谷	어느 것	どれ	예쁘다	きれいだ
시 월	十月	어디	どこ	예순	固 六十
시작하다	始める	어떤	どんな	오	漢 五
시키다	させる、注文する	어떻게	どのように	오늘	今日
시합	試合	어떻다	どうだ	오다	来る
시험	試験	어렵다	難しい	오르다	登る
식당	食堂	어머니	母、お母さん	오른쪽	右側
식사하다	食事する	어제	昨日	오빠	(女性の立場から) 兄
신다	履く	억	億	오전	午前
신라	新羅	언니	(女性の立場から) 姉	오후	午後
신문	新聞	언제	いつ	올해	今年
신호등	信号機	얼굴	顔	옷	服
싫다	嫌いだ、いやだ	얼마	いくら	와	～と
싫어하다	嫌がる、嫌う	얼마나	どれくらい	왜	なぜ
십	漢 十	엄마	ママ	외국	外国
싸다	安い	없다	ない、いない	외우다	覚える
쓰다	書く、苦い、使う	에	(時間、場所)～に	왼쪽	左側
씨	(名前の後に付く) さん	에게	(人、動物)～に	(이)요?	～ですか
		에게서	(人)～から	요가	ヨガ
씻다	洗う	에서	(場所)～で	요리	料理
		에어컨	エアコン	요리사	調理師
	ㅇ	엔	単 円	요즘	この頃
아니요	いいえ	여기	ここ	우리	うちの、私たち(の)
아들	息子	여덟	固 八つ	우산	傘
아래	下	여동생	妹	우유	牛乳
아르바이트	アルバイト	여든	固 八十	우체국	郵便局
아버지	父、お父さん	여름	夏	운동장	運動場
아빠	パパ	여섯	固 六つ	운동화	スニーカー
아주	とても	여행	旅行	웃다	笑う
아침	朝、朝食	역	駅	원	単 ウォン
아프다	痛い	연두색	黄緑色	월	単 月
아홉	固 九つ	연락	連絡	월요일	月曜日
아흔	固 九十	연습	練習	위	上
안	中	연필	鉛筆	유명하다	有名だ
안경	眼鏡	열	固 十	유 월	六月
앉다	座る	열(이 나다)	熱(が出る)	유치원	幼稚園
알다	知る、わかる	열다	開ける	유치원생	幼稚園児
앞	前	열심히	一所懸命に	유학	留学
약	薬	열차	列車	유학생	留学生
약국	薬局	영	ゼロ	육	漢 六
약속	約束	영미	英米	은	～は
양말	靴下	영화	映画	은행	銀行
어깨	肩	영화관	映画館	을	～を
어느	どの	옆	横、隣	음식	食べ物

単語リスト 韓→日 159

음악	音楽
응급실	救急室
의	〜の
의사	医者
이	〜が、㊐ 二、この
이것	これ
이기다	勝つ
이다	〜だ、〜である
이렇다	こうだ
이름	名前
이번	今度、今回
이번 달	今月
이번 주	今週
이사	引っ越し
이야기	話
이용	利用
인분	㊐ 人前
인사하다	あいさつする
인터넷	インターネット
일	日、㊐ 一
일곱	㊐ 七つ
일본	日本
일본어	日本語
일어나다	起きる、(席から) 立つ
일요일	日曜日
일하다	仕事する
일흔	㊐ 七十
읽다	読む
입	口
입다	着る、穿く
입원	入院
입학	入学
입학생	入学生
있다	ある、いる

ㅈ	
자다	寝る
자르다	切る
자전거	自転車
자주	しょっちゅう、しばしば
작가	作家
작년	昨年、去年
작다	小さい
잔	㊐ 杯
잘	よく、上手に
잘 부탁합니다	よろしくお願いします
잘하다	上手だ
잡수시다	召し上がる
잡지	雑誌
장	㊐ 枚
재미없다	面白くない
재미있다	面白い
저	私、あの
저것	あれ
저기	あそこ
저녁	夕方、夕飯
저렇다	ああだ
적다	少ない
전공	専攻
전철	電車
전화	電話
젊다	若い
점심	昼食
점원	店員
정도	程度
정류장	停留場
정말	本当に、本当
정문	正門
정보	情報
정치학	政治学
제	わたくし、わたくしの
조용히	静かに
졸업	卒業
졸업생	卒業生
좀	〈조금의 축약형〉少し、ちょっと、しばらく
좁다	狭い
종종	たまに、時々
좋다	良い
좋아하다	好きだ
주다	あげる、くれる
주말	週末
주무시다	お休みになる
주부	主婦
주사(를 맞다)	注射 (を打ってもらう)
주황색	だいだい色
중	中
중국	中国
중국어	中国語
중학교	中学校
중학생	中学生
즐겁다	楽しい
지금	今
지난달	先月
지난주	先週
지내다	過ごす
지우개	消しゴム
지하철	地下鉄
집	家
짜다	塩辛い
짜장면	ジャージャー麺
짧다	短い
찍기	撮ること
찍다	撮る

ㅊ	
차	車
창문	窓
책	本
천	千
천고마비	天高馬肥
청소	掃除
초등학교	小学校
초등학생	小学生
추리	推理
추억	思い出
축하	祝い
출발	出発
춥다	寒い
치마	スカート
친구	友達
칠	㊐ 七
칭찬받다	褒められる

ㅋ	
카메라	カメラ
카페	カフェ

커피	コーヒー
컴퓨터	コンピューター
케이크	ケーキ
켜다	付ける
코	鼻
콘서트	コンサート
콜록콜록	ゴホンゴホン
크다	大きい

ㅌ

타다	乗る
택시	タクシー
텔레비전	テレビ
토요일	土曜日
퇴원	退院
티셔츠	Tシャツ
티켓	チケット

ㅍ

파란색	青色
파랗다	青い
팔	腕、㉠ 八
팔다	売る
편리하다	便利だ
편의점	コンビニ
편지	手紙
편하다	楽だ
포도	ブドウ
피곤하다	疲れる
피아노	ピアノ
필요하다	必要だ
필통	筆箱

ㅎ

하고	～と
하나	㊐ 一つ
하늘	空
하늘색	空色
하다	する
하루종일	一日中
하얀색	白色
하얗다	白い
학교	学校
학생	学生
한	㊐ 一つの
한강	漢江
한국	韓国
한국어	韓国語
한자	漢字
한테	（人、動物）～に
한테서	（人）～から
할머니	祖母
할아버지	祖父
항상	常に、いつも
해돋이	日の出
행복하다	幸せだ
형	（男性の立場から）兄
형제	兄弟
호텔	ホテル
화가 나다	腹が立つ
화를 내다	怒る
화요일	火曜日
화장실	トイレ
회사원	会社員
후지산	富士山
흐르다	流れる
힘들다	大変だ

日 → 韓

ア

ああだ	저렇다
あいさつ	인사하다
間	동안
会う	만나다
青い	파랗다
青色	파란색
赤い	빨갛다
赤色	빨간색
秋	가을
開ける	열다
あげる	주다
朝	아침
あさって	모레
脚	다리
足	발
明日	내일
あそこ	저기
遊ぶ	놀다
暖かい	따뜻하다
頭	머리
暑い	덥다
集める	모으다
当てる	맞히다
あなたの	네
兄	（男性の立場から）형、（女性の立場から）오빠
姉	（女性の立場から）언니、（男性の立場から）누나
あの	저
甘い	달다
あまり	별로（否定形が続く）
雨	비
アメリカ	미국
洗う	씻다
ありがたい	고맙다
ある	있다
歩く	걷다
アルバイト	아르바이트
あれ	저것
あんまり	（否定的）너무
良い	좋다
いいえ	아니오
家	집
行く	가다
いくつ	몇 개
いくら	얼마
医者	의사
忙しい	바쁘다
痛い	아프다
一	漢 일
イチゴ	딸기
一日中	하루종일
いつ	언제
一所懸命に	열심히
一緒に	같이
五つ	固 다섯
いっぱいだ	（お腹が）부르다
いつも	늘、항상
いない	없다
今	지금
妹	여동생
嫌がる	싫어하다
いやだ	싫다
いらっしゃる	계시다
いる	있다
入れる	넣다
色	색깔
祝い	축하
インターネット	인터넷
上	위
ウォン	単 원
受ける	받다
後ろ	뒤
歌	노래
歌う	부르다
うちの	우리
美しい	곱다、아름답다
腕	팔
海	바다
売る	팔다
うれしい	（人と会って）반갑다
嬉しい	기쁘다
運動場	운동장
絵	그림
エアコン	에어컨
映画	영화
映画館	극장、영화관
英米	영미
駅	역
円	単 엔
鉛筆	연필
おいしい	맛있다
おいしくない	맛없다
応急室	응급실
終える	끝내다
多い	많다
大きい	크다
お母さん	어머니
お金	돈
お客さん	손님
起きる	일어나다
億	억
送る	보내다
遅れる	늦다
怒る	화를 내다
教える	가르치다
遅い	늦다
お父さん	아버지
弟	남동생
おととい	그저께
お腹	배
お願いする	부탁하다
お飲みになる	드시다
覚える	외우다
お前	너
重い	무겁다
思い出	추억
おもしろい	재미있다
おもしろくない	재미없다
思ったより	생각보다
お休みになる	주무시다
降りる	내리다
終わる	끝나다
音楽	음악

カ

日本語	韓国語
が	가/이、尊 께서
回	単 번
外国	외국

日本語	韓国語
会社員	회사원
飼う	기르다
買う	사다
帰ってくる	돌아오다
帰る	돌아가다
変える、替える	바꾸다
顔	얼굴
価格	가격
科学	과학
柿	감
書く	쓰다
描くこと	그리기
学生	학생
かける	걸다
傘	우산
歌手	가수
風	바람
風邪(を引く)	감기(에 걸리다)
家族	가족
肩	어깨
勝つ	이기다
学校	학교
かっこういい	멋있다
悲しい	슬프다
必ず	꼭
かなり	꽤
カバン	가방
カフェ	카페
構わない	괜찮다
カメラ	카메라
通う	다니다
火曜日	화요일
から	(人)에게서、한테서 (時間)부터 (場所)에서
辛い	맵다
カラオケ	노래방
体	몸
借りる	빌리다
軽い	가볍다
川	강
かわいい	귀엽다
関係	관계
漢江	한강
観光	관광
韓国	한국
韓国語	한국어
看護師	간호사
漢字	한자
鑑賞	감상
黄色	노란색
黄色い	노랗다
記憶する	기억하다
聞く	묻다
聴く、聞く	듣다
汽車	기차
記者	기자
季節	계절
北(側)	북(쪽)
昨日	어제
君	너
黄緑色	연두색
キムチ	김치
救急車	구급차
九十	固 아흔、漢 구십
牛乳	우유
今日	오늘
教師	교사
教室	교실
去年	작년
兄弟	형제
嫌いだ	싫다
嫌う	싫어하다
切る	자르다
着る	입다
きれいだ	예쁘다、곱다
銀行	은행
金曜日	금요일
九	漢 구
空港	공항
薬	약
果物	과일
口	입
靴	구두
靴下	양말
クッパ	국밥
首	목
雲	구름
暮らす	살다
来る	오다
車	차
くれる	주다
黒い	까맣다
黒色	검은색
経営学	경영학
計画	계획
経済学	경제학
警察官	경찰관
ケーキ	케이크
ゲーム	게임
劇場	극장
消しゴム	지우개
結婚	결혼
欠席	결석
月曜日	월요일
個	固 개
五	漢 오
恋しい	그립다
江	강
公園	공원
高校	고등학교
高校生	고등학생
こうだ	이렇다
公務員	공무원
コーヒー	커피
国際	국제
ここ	여기
午後	오후
午前	오전
九つ	固 아홉
五十	固 쉰、漢 오십
故障する	고장나다
午前	오전
こと	거、것
今年	올해
異なる	다르다
この	이
この頃	요즘
ご飯	밥
ゴホンゴホン	콜록콜록
これ	이것

怖い	무섭다
壊れる	고장나다
今月	이번 달
コンサート	콘서트
今回	이번
今週	이번 주
今度	이번
コンビニ	편의점
コンピューター	컴퓨터

サ

歳	🔵単 살、세
先に	먼저
昨年	작년
酒	술
させる	시키다
冊	🔵単 권
作家	작가
雑誌	잡지
砂糖	설탕
寒い	춥다
サムゲタン	삼계탕
三	漢 삼
さん	（名前の後に付く）씨
三十	固 서른、漢 삼십
四	漢 사
時	単 시
試合	시합
幸せだ	행복하다
塩辛い	짜다
しかし	그러나
しかしながら	그렇지만
時間	시간
試験	시험
仕事する	일하다
辞書	사전
静かに	조용히
下	밑、아래
七	漢 칠
自転車	자전거
しばしば	자주
渋谷	시부야
閉まる	닫히다
閉める	닫다

ジャージャー麺	짜장면、자장면
写真	사진
十月	시 월
週末	주말
授業	수업
宿題	숙제
十	固 열、漢 십
出発	출발
主婦	주부
小学生	초등학생
正月	설날
小学校	초등학교
上手だ	잘하다
上手に	잘
小説	소설
小説家	소설가
情報	정보
食事する	식사하다
食堂	식당
しょっちゅう	자주
ショッピング	쇼핑
しばらく	좀〈조금の縮約形〉
新羅	신라
知らない	모르다
知る	알다
白い	하얗다
信号機	신호등
心配	걱정
心配ごと	걱정
新聞	신문
スイカ	수박
水曜日	수요일
推理	추리
スカート	치마
好きだ	좋아하다
空く	(お腹が)고프다
少ない	적다
少し	좀〈조금の縮約形〉
過ごす	지내다
すっぱい	시다
すてきだ	멋있다
スニーカー	운동화
すべて	다

スポーツ	스포츠
ズボン	바지
住む	살다
する	하다
座る	앉다
生活	생활
政治学	정치학
正門	정문
咳（が出る）	기침(이 나다)
説明書	설명서
狭い	좁다
ゼロ	공、영
千	천
先月	지난달
専攻	전공
先週	지난주
先生	선생님
センター	센터
先輩	선배
掃除	청소
そうだ	그렇다
そうですか	그렇군요
そうですね	그렇군요
ソウル	서울
そこ	거기
そこで	그래서
そして	그리고
卒業	졸업
卒業生	졸업생
外	밖
その	그
祖父	할아버지
祖母	할머니
空	하늘
空色	하늘색
それ	그것
それで	그래서
それでは	그러면、그럼

タ

台	単 대
退院	퇴원
ダイエット	다이어트
大学	대학교

大学院	대학원
大学院生	대학원생
大学生	대학생
大丈夫だ	괜찮다
だいだい色	주황색
大変だ	힘들다
だが	그렇지만
高い	(値段) 비싸다、(高低) 높다
互いに	서로
たくさん	많이
タクシー	택시
助け	도움
助ける	돕다
尋ねる	묻다
立つ	일어나다, 서다
立てる、建てる	세우다
楽しい	즐겁다
頼む	부탁하다
食べ物	음식
食べる	먹다
たまに	가끔, 종종
だれ	누구
だれが	누가
誕生日	생일
ダンス	댄스
小さい	작다
近い	가깝다
地下鉄	지하철
チケット	티켓
父	아버지
茶色	갈색
中学生	중학생
中学校	중학교
中国	중국
中国語	중국어
注射 (を打ってもらう)	주사 (를 맞다)
昼食	점심
注文する	시키다
朝食	아침
調理師	요리사
ちょっと	좀〈조금의 축약형〉
使う	쓰다
疲れる	피곤하다
月	単 달、월
作る	만들다
付ける	켜다
常に	늘, 항상
手	손
で	(場所) 에서、(手段) (으)로
である	이다
程度	정도
停留場	정류장
出かける	나가다
手紙	편지
出来上がる	다 되다
ですか	(이)요?
手帳	수첩
手伝う	돕다
出ていく	나가다
出てくる	나오다
デパート	백화점
ではない	가/이 아니다
でも	그렇지만
テレビ	텔레비전
店員	점원
天気	날씨
電車	전철
天高馬肥	천고마비
電話	전화
と	와、과、하고
度	単 번
ドア、門	문
トイレ	화장실
頭	単 마리
東京	도쿄
どうだ	어떻다
遠い	멀다
ときどき	가끔, 종종
読書	독서
時計	시계
どこ	어디
ところで	그런데
登山	등산
図書館	도서관
取っ手	손잡이
トッポッキ	떡볶이
とても	매우, 아주, 너무
隣	옆
どの	어느
どのように	어떻게
友達	친구
土曜日	토요일
撮る	찍다
撮ること	찍기
どれ	어느 것
どれくらい	얼마나
どんな	어떤
Tシャツ	티셔츠

ナ

ない	없다
中	안, 속, 중
長い	길다
流れる	흐르다
梨	배
なぜ	왜
夏	여름
七十	固 일흔
七つ	固 일곱
何	무엇, 뭐, (答が数字の場合) 몇
名前	이름
習う	배우다
なる	되다
何の	무슨
何のこと	무슨 일
二	漢 이
に	(場所) 에、(人、動物) 에게、한테、尊 (人) 께
苦い	쓰다
西(側)	서(쪽)
二十	固 스물、漢 이십
二十の	固 스무
日	単 일
日曜日	일요일
日本	일본
日本語	일본어
入院	입원

入学	입학
入学生	입학생
ニュース	뉴스
人前	単 인분
ネクタイ	넥타이
熱（が出る）	열(이 나다)
寝る	자다
年	単 년
の	의
ノート	공책、노트
登る	오르다
飲む	마시다
乗る	타다

ハ

は	는/은、尊 께서는
はい	네、예
杯	単 잔
配達	배달
俳優	배우
穿く	입다
履く	신다
白色	하얀색
博物館	박물관
ハサミ	가위
始める	시작하다
バス	버스
恥ずかしい	부끄럽다
八	漢 팔
八十	固 여든、漢 팔십
はどうですか	는요?
鼻	코
話	이야기
話す	말하다
花束	꽃다발
花びら	꽃잎
母	어머니
パパ	아빠
速い	빠르다
早く	빨리
速く	빨리
腹が立つ	화가 나다
春	봄
半	반

パン	빵
パン屋	빵집
ピアノ	피아노
東（側）	동(쪽)
匹	単 마리
低い	낮다
飛行機	비행기
ひざ	무릎
美術館	미술관
左側	왼쪽
ビックリする	놀라다
引っ越し	이사
必要だ	필요하다
人	사람
一つ	固 하나
一つの	固 한
日の出	해돋이
ビビンバ	비빔밥
百	백
百貨店	백화점
病院	병원
美容室	미용실
昼	낮
広い	넓다
ピンク色	분홍색
不安だ	불안하다
拭く	닦다
服	옷
富士山	후지산
豚カルビ	돼지갈비
二つ	固 둘
二つの	固 두
物理学	물리학
筆箱	필통
ブドウ	포도
船	배
冬	겨울
降る	내리다
分	単 분
プルゴギ	불고기
プレゼント	선물
文化	문화
文学	문학
へ	（方向）(으)로

平気だ	괜찮다
部屋	방
勉強	공부
返事	답장
返信	답장
便利だ	편리하다
法学	법학
帽子	모자
ボールペン	볼펜
ホテル	호텔
褒められる	칭찬받다
本	책
本（瓶）	単 병
本当	정말
本当に	정말

マ

枚	単 장
前	앞
まず	먼저
また	또
待つ	기다리다
まで	까지
窓	창문
ママ	엄마
万	만
見える	보이다
磨く	닦다
ミカン	귤
右側	오른쪽
短い	짧다
水	물
店	가게
道	길
三つ	固 셋
三つの	固 세
緑色	녹색
皆	다
南（側）	남(쪽)
耳	귀
見る	보다
息子	아들
娘	딸
難しい	어렵다

六つ	固 여섯	夕飯	저녁	旅行	여행
紫色	보라색	郵便局	우체국	リンゴ	사과
無理	무리	有名だ	유명하다	例	보기
目	눈	雪	눈	冷麺	냉면
名	単 명	幼稚園	유치원	列車	기차、열차
メール	메일	幼稚園児	유치원생	レポート	리포트
眼鏡	안경	ヨガ	요가	練習	연습
召し上がる	잡수시다、드시다	よく	잘	連絡	연락
メニュー	메뉴	横	옆	六	漢 육
も	도	四つ	固 넷	六月	유 월
木曜日	목요일	四つの	固 네	六十	固 예순、漢 육십
もちろん	물론	呼ぶ	부르다		
もっと	더	読む	읽다	ワ	
もの	거、것	より	보다	若い	젊다
桃	복숭아	夜	밤	わかめスープ	미역국
もらう	받다	よろしくお願いします	잘 부탁합니다	わかる	알다
				綿入れ布団	솜이불
ヤ		四十	固 마흔、漢 사십	わたくし	저
約束	약속			わたくしの	제
易しい	쉽다	ラ		私	나
安い	싸다	来月	다음 달	私たち(の)	우리
休み	(学校の) 방학	来週	다음 주	私の	내
休む	쉬다	来年	내년	渡る	건너다
八つ	固 여덟	楽だ	편하다	笑う	웃다
薬局	약국	留学	유학	悪い	나쁘다
山	산	留学生	유학생		
夕方	저녁	利用	이용	ヲ	
夕食	저녁	料理	요리	を	를/을

著者
文 珍瑛（ムン チニョン）
成蹊大学全学教育講師

郭 珍京（カク チンキョン）
青山学院大学非常勤講師

いっしょにコリアン－基礎編

2019 年 3 月 30 日　初版発行
2025 年 3 月 25 日　7 刷発行

著　者　　文 珍瑛・郭 珍京
発行者　　佐藤和幸
発行所　　株式会社　白帝社
　　　　　〒 171-0014 東京都豊島区池袋 2-65-1
　　　　　電話 03-3986-3271　FAX 03-3986-3272
　　　　　https://www.hakuteisha.co.jp
組　版　　（株）アイ・ビーンズ
印刷・製本　ティーケー出版印刷

イラスト　　大石未央
カット　　　崔貞姫
表紙デザイン　（株）アイ・ビーンズ

Printed in Japan〈検印省略〉　ISBN 978-4-86398-344-1
　　　　　　　　　　　　　＊定価は表紙に表紙してあります。

＊本書は著作権法で保護されています。無断で複製（写真撮影、コピー、
　スキャンを含む）することは禁止されています。